养出
元气满满的
孩子

薛仁明 著

中华书局

图书在版编目（CIP）数据

养出元气满满的孩子/薛仁明著. —北京:中华书局,2020.10
（2024.6 重印）
ISBN 978-7-101-14681-3

Ⅰ.养… Ⅱ.薛… Ⅲ.中华文化-关系-家庭教育-研究
Ⅳ.G789.2

中国版本图书馆 CIP 数据核字（2020）第 137779 号

书　　名	养出元气满满的孩子	
著　　者	薛仁明	
策划编辑	李　猛	
特约编辑	徐　涛	
封面设计	好书坊·周晓	
责任编辑	杨　帆	
责任印制	陈丽娜	
出版发行	中华书局	
	（北京市丰台区太平桥西里 38 号　100073）	
	http://www.zhbc.com.cn	
	E-mail:zhbc@zhbc.com.cn	
印　　刷	天津裕同印刷有限公司	
版　　次	2020 年 10 月第 1 版	
	2024 年 6 月第 2 次印刷	
规　　格	开本/880×1230 毫米　1/32	
	印张 8　插页 2　字数 200 千字	
印　　数	12001-14000 册	
国际书号	ISBN 978-7-101-14681-3	
定　　价	45.00 元	

谨献给我的父亲、母亲

目　录

篇三　明白之教

篇后　文章答问（部分）

自 序

　　1993年，当完兵，我只身东来，参加偏远地区教师甄试，随即被聘到台湾台东县立池上中学，直至2010年离开。这十七年，我经历了教改的如火如荼开展，也眼见教改的灾祸绵延。那灾祸，至今毫无止遏，依然在发酵扩散中。我常对学生说："你们是人在祸中不知祸。"我又常说："眼前虽是凶多吉少，但只要心头明白、有了准备、脸上又没苦相，那么，依然可能消灾解厄，依然可以吉人天相。"

　　2000年年底，长女以婕出生；一年四个月后，又有次女允和；再三年，则是小儿薛朴。家中有三个小孩，常常是苦不堪言，但更多的是乐不可支。常有朋友问我："三个孩子怎么养得起？"我笑着说："一只熊猫固然难养，三只放山鸡倒不费事。"我自己从小不补习，大二之后，凭自己挣钱，也没伸手向家里要过钱。我很清楚，养放山鸡，不需花费太多。

之前，《联合副刊》登载了《小子，何莫学乎诗》，几天后，张晓风女士请助理代致"衷心羡慕"之意。那篇文章所谈，无非是我省下了幼儿园学费，让薛朴在"无何有之乡、广莫之野"，用极简净的方式学习。说白了，其实也就是像只放山鸡学会自己觅食罢了！

1982年，我初三，不知因何缘故，对诸多理所当然之事，忽地都起了反逆之心。又两年，台南一中高二，整个人开始心焦神灼、惶惶难安；从此，遂长期困顿，久久不知如何安身立命。因这大惑难解，遂进了台大历史系，待了四年，所得有限，盖因现今大学，本非解惑之地，故怨不得人。大学四年，我像那走远了的放山鸡，兀自啄啄觅觅，独个儿找着切切于心的解惑之道，因此，我念着儒释道三家的生命之学，试着找回自己熟悉的文化记忆。那时，我既不打算出国留学，也没真正介入最火热的政治社会运动，萦绕于心头的，其实是我自己的民间出身，与后头的中华文化根源。

那一波波的浪潮，虽说热闹喧腾，但与我实在关联不大，也搔不着我的困惑之处。我这不合时宜之人，遂远走他乡，来到了台东池上。这回，可真走远了，池上到台北五个小时，去高雄四个小时，每次有朋友来，都说，真是远呀！在这迢遥之地，我一边教书，一边念书。

我念的书其实不多，也不贪，就只念该念的书；不理会所谓学术，也不管什么时潮。总之，念书就只是念书，正如生活就只是生活，那是与自身素面相见，那是孔子所说的"为己之学"。

从此，我开始将习染多年的浮词浪语，慢慢一一扫落，也将长期牵挂的狂思绮想，渐渐涤尽。从此，在虫鸣蝉喧的学校宿舍里，我得了空，便静静读着古书，看着传统戏曲，听着民族音乐，除此之外，喝茶、写字、盘腿坐榻榻米上。从此，在学校看着那些乡下小孩，在街上看市景与乡民。往街上的途中，有大片稻田。稻田尽头，两座青山苍郁绵长，上头则有湛湛蓝天。稻浪天光，掩映在云影之间，我多年的浮躁不安，于是稍歇。

几年后，我安身于这块纵谷平原，也和自己的文化基因更加榫卯相合。愈加相合，愈加感激我那未曾上过学也不识字的父母亲。他们让我在台湾民间天生地养，他们安稳信实的无言之教，使得我日后虽有困顿，却只需回头转身，便有汲取不尽的源头活水。因这活水，我看着自己，看着旁人，再看着这个时代，渐渐都有了一种新鲜与活气。我终于明白，所谓教育，只不过是明白之人使人明白；所谓教育，只不过是那走在前头的人一派气定神闲，于是后头之人一个个也跟着神清气爽。如此而已！

在学校任教的最后几年，我看着学生一届届素质低落，并不同情（因为他们自己不争气），也不焦急（因为小孩就是让大人急坏的）；我的教法越来越简单，连板书都写得少；平时不疾不徐，啜口茶，坐在椅子上，高高兴兴地上着课，开开心心地与学生觌面相见。后来，学生写毕业心得，有人说我"很有元气"；有人言不雅驯，直接写"看你很爽"。我静静看着，无甚回应。若真要说，可能也仍是那句老话："眼前虽是凶多吉少，但只要心头明白、有了准备，脸上又没苦相，那么，依然可能消灾解厄，依然可以吉人天相。"

篇一　好儿好女

小子，何莫学乎诗

昔人有言，好的政治如衣鞋系带，带子系得好，却不觉得有带子。

教育，不也如此？

这个九月，薛朴刚上小学。早先，我笑着提过几回，要他甭去学校，继续在家陪我，问他如何，他没答应。只因两个姐姐都在上学，理所当然，他也该去才是。这事，我本信口说说，多是虚问；但闻听他的应答之后，我还是笑着装作有些失望。

其实，他上不上小学，我无可无不可。台湾制式的学校教育，当然问题重重；尤其教改以来，更是每况愈下。教改二十年，恰好前头多年，我都在基层学校待着，因"躬逢其盛"，故深知其弊。然而，毕竟我住乡下，托"城乡差距"之赐，这里的学校，勉强算是波澜不惊，作意无多。不像城市里的学校，自"教育部"以降，各级学校焦躁浮动，难得清安；整天会议无穷无尽，成日活动没完没了。结果，大人带头，个个浮躁忧郁，真不知，又该如何教出心平气和的下一代？

本来，所谓学习，就是有样学样；教育，也不过是树立一个个的人格典范罢了！台湾的下一代，说来可悯，亦是可怜，他们在成长过程中，能看得到的自在安然的榜样，着实已然不多。

教育之要，"简静"二字。大人朗然清安，小孩才可能吉祥止止。今天教育之所以崩解，部分原因是被大人急坏的。小孩还没变坏，大人就先急出了躁郁症。结果，愈急愈坏，愈坏愈急。身处这急成一片的躁郁时代，令人格外想念"简静"岁月里的天清地宁，也让人怀念"简静"时日中人应有的自在与安然。

话说回来，我这儿的乡下，虽说没有数十年前处处可见的那种简静，但相较于都市，还是淡泊宁静许多。这儿，学校没有成日举办活动，也不太要求家长参与配合；学校与家长之间，多多少少，仍可相忘于江湖。有这份相忘，就好。早些年间，我夫妇二人多半轮流请假，偶尔均有上班，家中小朋友因此也得上学。那时，一向选择的，就是那种最不标榜、最"没特色"、最可与之相忘的托儿所。

这种托儿所，学费低廉，于我，更是相宜。但半年多前，过完春节，我还是没让薛朴继续上托儿所。究其原因，首先当然是可以省下虽不算多但毕竟仍是一笔数目的学费，反正，我也多半在家。另一个重要原因则是，我想自己来教上一教。

说要教，其实大言不惭，因为，也没什么可教。美其名曰在家"留学"，说穿了，多半时间只是他在自学。

那半年，每天七点过后，用毕早餐，小朋友洗了碗，有时也擦过地板，又与南部的阿公阿嬷讲完电话，等姐姐再上了学，多半，我便先与薛朴外头溜达一圈。早上鸟儿多，花草香气也浓，一圈转回，神清气宁，便开始"留学"；意即，我做我的事，他看他的书。头一两天，很不习惯。因为，较诸两位姐姐，薛朴以前极少阅读。早先在家，他竟日抢枪舞棒。一把木剑，半截竹棍，已然舞弄了一两年，尚且把玩不尽。这会儿，真要偃武修文，他实实不惯。于是，凭借着注音，盯着书本，才念了十分钟，他便昏昏欲睡，哈欠连连。所幸，小孩心性柔软，最可勉而学之。才稍稍勉强，三天过后，他已然可以安坐半个小时。又数周，常常我事情稍告一段落，忽觉四下悄然，转头一看，只见他专注读着书，连理都不理我。我望一望时钟，倏忽，已然过了两个小时。

他看书，我鲜少闻问。通常是，抬头一望："今天念哪一本书？"他回：《封神榜》。我应："噢，好！"另日再问："现在又看哪一本？""《隋唐演义》。""噢，好！"改日："《西游记》。""噢，好！"

　　说来惭愧，除了"噢，好！"，我似乎也变不出其他字眼。于是，好几个早上，我们父子各自安坐，彼此相忘。屋内寂寂，唯外头鸟声，新透纱窗，依然婉转。又隔数日，我心血来潮，突然又再问起，他依然回说"《西游记》"，"怎么又是《西游记》呢？""因为，嗯——《西游记》很好看呀！"

薛朴在家"留学"，多半也是他在自学。

是呀!《西游记》的活泼,《西游记》的万千变化,最可读之不尽。但是,薛朴更爱看的,还另有一册,曰:《中国笑话全集》。我不让他老看,但每回,若一声不响,闷着头,目不转睛盯着书本,猛不防的,乍然连声咯咯,或是呵呵,又偶尔哈哈,那么,准是又与此君相晤。笑罢,他还言道,下午要讲给姐姐听。

读书读乏了,他说要"练武功"。所谓"练武功",多半是他看京剧学来的套式。抢枪舞棒之外,还练翻滚,也学劈腿。动作都不地道,我也没能力指导,反正他乐着呢!久而久之,倒也有些架势。此外,他也"骑马",老从客厅、厨房两处跑;手拿竹棍,权充马鞭,边跑边颠步:颠步时两手紧握,如握缰绳;起跑时,还先喊个"驾"!

"驾"累了,时近中午,他嚷饿。我做中饭。除了米饭,通常荤素两菜,多半还有一汤。吃饭之事,他多少遗传我,因出身寒微,故而好养。尝到菜味,便喊:"好好吃喔!"啜口汤,又嚷:"好好喝喔!"如此二菜一汤,其实清简;但因神旺,便胜似佳肴丰馈。

饭毕,我们到外头闲步。那时春天,中午不热,故可以在外头散步许久。说是散步,其实还是我走我的,他走他的;我看我的,他玩他的。虽然偕行,多半时刻,依然相忘。走走停停间,他蹲在路边许久。

"看啥?"

"看蚂蚁。"

"大的小的?"

"大的!"

"好不好看?"

"好看!"

又一会儿,树上有攀木蜥蜴,有墨绿,有宝蓝;菜园里有蝴蝶,有白,有黄,还有凤蝶;阴雨天,路边蜗牛多;近夏时日,路上偶尔有被碾过的蛇尸;水圳边,有个大池子,里头鱼极多,有只大鸟忽地从池中飞起,双翅展开,三尺有余,每回奋然起飞,薛朴都好大一声:"哇!"

散步途中,稻田多,菜园多,果树也不少。过完年,梅花早已开过,先是李花,随即又有桃花;春风桃李花开后,不久又青梅累累;梅才转黄,桑葚就新红乍紫。而后,李子熟后桃子熟,桃熟甚香,颗颗绿底透红似胭脂;过阵子,莲雾花开,龙眼花开,有群蜂飞舞;再下来,盛开时犹似昙花的火龙果,也初初新有花意。于是,夏天到了。

如此一路观瞧,沿途顾盼,虽赏之不尽,但也终该转回家去。下午功课,看京剧。薛朴年纪虽小,却颇有戏龄。从孙悟空看到赵子龙,又从武戏进入了文戏。这回，他开始看杨延辉，也听诸葛亮。偶尔，我陪着看，多半仍是他自己找光盘放。那阵子，他看《四郎探母》，最常是头折《坐宫》，看着看着，学着裴艳玲哼了起来："我好比笼中鸟有翅难展，我好比虎离山受了孤单……"

我遂言道："等这个唱段学会了，就比以前的《三家店》《甘露寺》又晋了一级。你知道为什么吗？"

他思忖了好一会，总算答道："因为——比较难唱呀！"

他也看了孙岳的《坐宫》。

我问他："喜欢哪个杨延辉？"

"都喜欢。"

"有什么不一样？"

"裴艳玲比较好看，现在这个(孙)比较好听。"

可是，他继续学唱，依然学着裴艳玲。后来，他看《空城计》，头一回，嚷着无聊；再一回，静静看着不说话；隔阵子，我听着杨宝森的历史录音。

他过来问："听什么？"

我答："《空城计》呀！"

他应："真的？"

遂抢着看戏词，也要听；结果一听，也说要学。

我笑道："如果把《空城计》的摇板和慢板都学会的话，那就是真正的高手了，知道为什么吧？"

"因为——这个超难唱的！"

同样难的，是他背唐诗。看完京剧，我要求他背段书。他背书晚，姐姐同此年纪，早已腹有诗书；薛朴这"一介武夫"，却几乎才刚刚开始。头一天，要他背诗，简直痛不欲生！闷着头半个小时，哭丧着脸，直说背不出来。

　　我笑着说："你不是很会背戏词吗？"

　　"因为戏词很简单呀！"

　　我只好说："唐诗也不难啊！"

　　确实不难。三天后，他就进入状态了。有时挺快，转眼工夫，便已琅然成诵；偶尔较慢，磨蹭了许久，还原句踏步。但总之，已不再边读边哭了，于是，先五绝，后七绝；再五律，再七律；一路背将下来，便也五古、七古了。背久了，再看京剧，听到戏词，会突然惊呼："这好像唐诗喔！"而白天看花，晚上望月，他偶尔会乍然想起某些诗句。更有趣的是，听戏听久了，自然会跟着唱；但对于背诗，明明几个月前才刚刚哭过，却忽有一天，兴致满满，说他也要作首诗。

　　"喔——你要作诗？"结果，只听他口中喃喃，很认真地念了三句，又戛然而止，问他："再来呢？"

　　停了半晌，答道："我忘记了！"

二丫头读《三国》

    二十年前，我曾带着几个初中生读《三国演义》。他们程度不差，也极知此书之好；但是，读着读着，总觉吃力；稍无督促，便常中断；若无引领，更难以卒读。

    这窘困，我完全感同身受。这窘困，肯定也见诸许多人身上。三十多年前，我读《三国演义》时，年纪相仿，困境相似。那时，我一个人读，读着读着，处处皆如路障，七颠八倒、坎坷非常；我几番挣扎，是否该就此打住、索性放弃；后来，终究勉强翻完。其实，完全就是跳着读，每回一跃，动辄数页。尤其遇到诗，更是一概不看。因为，对于诗，我完全没辙。对诗的束手无策，一直延续到我大学毕业。当时读《红楼梦》，十首诗中，少说也得跳过八九首。现在想想，实在可笑。不读书中之诗，还夸口，我读完《红楼梦》了呢！

    那时年少，《三国演义》也就这般匆匆翻过，囫囵吞枣，略见仿佛罢了！真说读出了什么，回头一想，是该脸红的。而后，年龄稍长，不时听闻，前人多有年幼即熟读《三国演义》者。于此，我当然自叹弗如，也明知可能。但是，总觉这事距今迢遥，恐已日益邈远。然而，到了最近，那迢遥之距倏地消失，竟瞬间成了眼前之事。

就在这阵子，我家里的三个小朋友，每晚临睡前，俱抱着厚厚一本、罗贯中原文版的《三国演义》，像翻闲书似的看。他们未必逐回逐字读，但分明看得比当年的我、比我那些学生，甚至比现在的许多大学生，都来得既轻松又愉快。本来，我只尝试要他们读一两回，以观其效，孰料，他们却几乎真成了习惯。尤其二丫头允和，已经连续好多个晚上，总要看个几十分钟才肯睡觉。

我问她："从第一回开始读吗？"她点头称是。

"现看第几回了？"

"四十三回。"

我再问她："如果读到诗，会跳过去吗？"

她说："不会。"

"你读得懂吗？"

她很认真地答道："有些懂，有些不懂。"

前天，我看她一边读着，还一边拿纸笔抄着，便不免好奇，问道："抄啥？"

她说："抄诗呀！"

平时迷糊的阿和读《三国》、唱京剧却是一心一意，认认真真。

抄诗？

允和现在小学四年级，在校成绩平平，记忆力不大好，功课老忘记带，东西更是经常丢三落四，因此，她还被处罚了好几回。

有一次，她做语文功课，写着写着，忽抬头问道："爸，正确的成语应该是'天生丽质'，还是'丽质天生'？"

我说："都可以。"

隔一会儿，我问她："阿和，你是'天生丽质'还是

'丽质天生'？"

她嘻嘻两声，只是傻笑，我接着笑说："你是'天生迷糊'啦！"

"天生迷糊"的她，做事散漫，读书、写字、背诵，一概从"懒"。因这毛病，也不知挨了多少骂。相较于姐姐与弟弟，她背诵既慢，读书写字又容易分神，常常一愣，便发呆许久。但这回，读起原文版的《三国演义》，较诸那些程度好上许多，年龄又大了不少的中学生，她却读得一心一意、津津有味。你道这是为何？

这些中学生，和三十年前的我所受的语文教育，多半相侔。我父母亲不识字，家里又书册全无，自然也就没什么家学渊源。学校教啥，我也只能学啥。托白话文运动之"赐"，我当时就读的小学，可是从不教文言的，甚至，连唐诗都不背。小学六年级，有次朝会，抽到我上台背诵课文，还记得，那题目是《不要怕困难》，讲英国海军上将纳尔逊的故事。十二岁之前，我就只念了这样一篇篇的大白话。真头一回读文言、头一次背古诗，已然是初中一年级了。初中才开始接触文言，对多数人来说，其实已为时过晚。盖因念白话既久，便成惯性，更成习气；人总爱好逸恶劳，习于简单轻松的白话文，乍看文言，自然多有不适。于是，嫌难畏阻、心生排斥，既有个排斥之心，又焉能学好？至于古诗，更是如此。小孩直觉佳，音节韵律感尤强，他们但凡经常诵诗，自然妙韵天成。一旦过此年纪，音律迟钝，直感不再，语文课那种分析式的古诗读法，不仅事倍功半，更让读诗变成了一桩苦差事。况且，中学功课重，英数理化，早占大半时间；再者，我素非聪颖，更非一学便会之人。如此一来，文言也好，古诗也罢，自然就学得七零八落了。即便《三国演义》只是精练白话，最多也只能算是浅显文言，然而，对于我等，仍属艰涩非常，依旧是千难万阻、苦不堪言。至于书里头大量的诗句，就更别提了。

阿和呢？

阿和天生散漫，不算聪颖，又非好学之人。认真说来，实在不是一个读书坯子。怎么办？学习之事，贵在一个"兴"字，尤其小孩，存个欢喜之心，深根以发芽，来日总是可长可久。学习难免要有勉强，但勉强过度，就变成了填鸭，也必然会揠苗助长、适得其反。所幸，她上有大姐、下有小弟，于是，可一起打闹、一起游戏，更可一起学习。换言之，她虽天生稍有不足，那就后天多多熏陶吧！

所谓熏陶，无非就是耳濡目染。譬如我偶尔写写书法，她总盯着看；我平常写文章，她在一旁逐行读；在家吃饭时，播放些音乐，久而久之，她便对《春江花月夜》《月儿高》这些古曲耳熟能详；即便读《三国演义》，也是她看着儿童改写版，却觑得我案上的《三国演义》满满是字，因与之不同，因此才心生好奇的。然而，终究说来，真论熏染之力，我还是远远抵不上她的姐弟。

他们姐弟三人，都爱看《三国演义》电视剧。我家里不看卡通，也一向不玩电玩，一块儿观看此剧，遂成了他们的莫大娱乐。每回看个一集，总可以议论纷纷，然后又笑声连连。姐弟仨先是看旧版，读毕，又将新版逐集看过。新旧相较，不论是曹操、刘备，抑或关羽、赵云，他们皆各有好恶，也多有点评。三人争论起来，即使谬悠荒唐，也煞有意思！待新旧俱已看过，故事愈加熟稔，他们就愈加观之不倦。

多少年来，中国人从小到大、自幼至长，正是这般地读三国、说三国，读之不尽，说之也不尽。好的东西，一定耐看。绝好的东西，更可毕生反复读之。这通于他们看京剧。京剧剧目越是熟悉，就越可百看不厌。尤其骨子老戏，那动人的折子、好听的唱段，总想反复听之、反复观之。这看似重复，其实每回每次，皆可领略出一些新意思，又可咀嚼到一点儿新滋味。这样的每回新意思、每次新滋味，就是禅宗所说的"日日是好日"。

京剧戏词精练，介于文白之间，唱词近诗，尤其讲究音律。凡此，对小孩的语文，裨益颇多；对其性情之陶冶，更有潜移默化之功。戏曲原是国风遗韵，也是温柔敦厚之诗教的无声不歌与无动不舞。阿和于此，本无甚兴趣，早先她姐弟常看，尤其弟弟，是个戏迷，至于她，多半只是一块坐着，然后画着她自己的画儿（她爱画，也画得挺有意思）。但坐着坐着，熏染既久，一回两回，她也抬头看看，侧耳听听。看久了，听熟了，耳濡目染，竟也跟着萧何这般对韩信念了起来，"将军，千不念，万不念，不念你我一见如故"。念完之后，前几天，也见她边走边哼，哼起了《大登殿》王宝钏唱段："唯有女儿我的命运苦，彩球单打平贵男；先前道他是个花郎汉，到如今，他端端正正、正正端端，驾坐在金銮。"

熏染一久，有了兴味，戏目就随之宽广。早先，他们最熟悉的，尽是《群英会》与《龙凤呈祥》这种三国戏，新近，则开始看《红鬃烈马》。一次，周三中午放学，我问二丫头下午做啥，她说，要与弟弟合抄一段《武家坡》戏词。结果，姐弟俩边看边抄又边唱，一个薛平贵，另个王宝钏，一段快板，两人对咬得乐不可支。我原在楼上读书写稿，却闻听楼下阵阵嬉闹。无奈，只好稍稍停歇，伸伸懒腰，听听那楼下的朗朗笑声，再伴着断断续续的高亢与亮烈的京胡。

之后，姐弟仨每回出门，总要像唱儿歌，又好似流行歌一般，哼哼唱唱，信口哼上几段京剧唱腔。他们边哼边玩，边玩边闹，搁在以前，会猜猜三国人物的名与字，最近，忽又变成了唐诗大赛。背诗，原也是姐姐与弟弟的擅长。大姐背得快，也背得多；小弟这半年则急起直追，颇有后来居上之势。他们商议，先背《兵车行》，而后《琵琶行》，一人一句，轮流更替。每回轮到阿和，总会结结巴巴，嗫嚅一阵，姐弟枯等不及，便抢着背了去。几次被抢了背，二丫头有些懊恼，便开始不太言语。再过一会儿，《琵琶行》已了，接着《长恨歌》登场。这晌，不知为何，开头才三两句，姐弟忽然有些短路，都吞吐了起来；反倒阿和顺畅非常，看两人接不上来，干脆就抖起了威风，一路斩将搴旗，如入无人之境，连珠炮般越背越快，越背越得意，就把《长恨歌》一口气背完了。当"天长地久有时尽，此恨绵绵无绝期"念罢，语初落定，这时，东邻西座悄无言，一旁姐弟，竟都静默非常，满脸诧异。

随后一天晚上，阿和新背完一首七律，对我言道，待《唐诗三百首》整本背完，接着，她要续背《老子》《庄子》。闻听此言，我多少有些狐疑，她这懒散之人，怎么突然就好学起来了呢？遂问道："哦，你怎么想到要续背《老子》《庄子》？""因为，姐姐背过了呀！"

是呀！见贤思齐也好，不甘示弱也罢，这晌，她有这个兴头，肯定就是件好事！但凡在兴头上，小孩学啥都快，学啥都好玩。懂得的，好玩；不懂的，更好玩。她读唐诗，岂会在意懂或不懂？早先她背过的《论语》，现在打算要读的老庄，又岂能懂得多少？甚至，他们姐弟熟稔非常的新旧版三国电视剧，果真又理解了其中多少曲折？但是，这可一点儿都不打紧。真要说，在意懂多懂少，那纯粹是大人的问题；小孩一向不受此困，他们可从来就没这个问题。对他们而言，凡事但须兴致盎然、意趣非常，足矣！更何况，这些都是他们来日可以反复咀嚼、滋味无穷的好东西哩！别的不说，你瞧！眼下这二丫头，每天晚上就这么边读边抄，拥着那本厚厚的《三国演义》，她，可乐着呢！

八分之一大于一

　　乔玉光先生是蒙古族人，也是业师林谷芳先生多年的老友。那年夏天，他们二人于内蒙古再次相逢，自然一场欢喜。待相互问讯之后，其实也多是闲话家常。聊着聊着，乔先生忽生感慨，当初只生一个孩子，现在想想，总觉得是个遗憾。林老师接腔，是呀！家里有两个小孩，彼此就可以有个制衡。说罢，又指着我言道："他有三个小孩。"乔先生一听，微微诧异，我于是笑着说："三个就可以合纵连横呀！"

　　这是玩笑，但也有几分实情。

　　话说，二十年前，刚刚结婚，逢人便被问起生育打算，我每每笑说："生十二个！"这回答，当然没人当真；如此一说，别人也懒得再问。但是，若有人较真，继续追问，我也只好老实招认："希望能多生几个，少说，三个吧！"

后来，果真生了三个。这又和我的父母亲多少有些关联。

老人家想抱孙子，天经地义。这尤其体现华人的文化基因。有此基因，华人于是瓜瓞绵延、生生不息。有一回，我在台北搭车，出租车司机是六十来岁的大爷。途经敦化北路，林荫道上林木蓊郁，但见路旁有一妇人，推着娃娃车，迎面而来，司机深深地望了一眼，然后，转头言道："你知道吗？到了我这年纪，最希望的就是有这样的孙子可以抱抱！"

我当然知道。

自年少以来，我好几个重大的人生抉择，都没让二老称心。他们常用闽南话说我，"大主大意"。但作为长子，我很明白，他们渴望抱孙；我也清楚，这事对于他们，更对于我自己，可能比什么都重要。因此，那年八月，我和内人开始交往，一看合适，十一月订婚，十二月便马上结婚。速度之快，快到内人来不及做好"心理准备"。婚后数年，夫妻难免龃龉。每回争吵，她总要数落我，当初都没让她想清楚，就糊里糊涂嫁进门了！

呵呵！有些事儿，可真不能事先完全想清楚的。

譬如结婚，譬如生子。

来年十二月底，长女出生。

长女才出生，我的老同事萧春生老师题字相赠，曰：

以婕作为家中第一个第三代，刚出生时，真是集"三千宠爱在一身"。

"三千宠爱在一身。"果然，作为家中头一个第三代，二老的欣喜，岂止非常！事实上，不仅欣喜，他们简直兴奋！内人生了长女后，在我茄苳老家住了好一阵子。那晌，假日我回茄苳，返抵家门后，总得枯等半个小时，还未必轮得到我这当爹的抱抱女儿。总是家父先抱，家母再抱，然后内人，接着又是孩子的叔叔与婶婶。他们口中念道，先抱一下就好，然后，个个爱不释手，也个个忘了我这个当爹的已然一星期没抱过闺女了。

早抱晚抱，并不要紧。要紧的是，我每周这么一趟，回家坐在客厅，忽觉像个旁观者：看他们这般疼爱女儿，固然是好；天伦之乐，和和熙熙，孰曰不宜？但这疼爱，显然有些过了头。我感觉他们的亢奋，已处在一种发烧状态，离该有的平常之心实在遥远。家里的一群大人，整日围绕着一个婴儿团团转。但凡孩子一哭，他们东慌西张；孩子一病，他们手忙脚乱。尤其家父，自我懂事以来，看他一向淡定，岂知才有了孙女，性情竟变了。以前从不说人是非，但这回却连续数落了某位邻居，只因那人弄哭了他的孙女。更别说，小孩一旦生病，夜里才微微发烧，他便急忙慌张，催着要送医院、要挂急诊。老人家疼爱孙子，虽说天经地义，但如此反应过度，当然是宠溺太甚。

　　我劝了几回，但完全没用。不劝还罢，真劝了，有时反倒愈演愈烈，完全适得其反。深知无效之后，也只好另谋他途。

　　我还向内人提过几回，初初她隐约有感，却不甚在意。随着孩子一天天长大，知觉渐增，全家人的宠溺，对其性情之影响也逐日可见。那会儿，才六个月大的娃娃，竟已娇纵出某些乖戾之气，襁褓中的娃娃，已清楚地感知到，所有的不如意，但凡一哭闹，爷爷就会"乖乖顺从"。一旦"擒住"了爷爷，她便可恣意而为。如此情状，我在一旁，看得心惊。此时，内人也瞿然警醒，急急问道："怎么办？"

我只回答："赶快生第二个！"

六个月下来，我非常明白，理性说服的力量，其实有限。若真劝不动，与其徒耗口舌，不如从根本形势改变起。是的，形势比人强。若一味迷信理性，只会让自己进退失据；若老爱强调沟通，也难免无以为继。多言无益，只有"量变产生质变"，形势改变了，一切才可能翻转。换言之，唯有赶紧生第二个，到那时，一家子的大人，不仅二老，还包括内人，甚至也包括我，真正的平常之心，才庶几可得。

因此，十个月后，二丫头出生。这回，萧老师依然题字相赠，曰："也好！"

来这"也好"，可真是好！二丫头出生没多久，大女儿便开始激烈地大调适。人生的调适，越早越好，副作用既小，受益也深。这时，她一岁四个月，都还算早。从"三千宠爱在一身"，开始得和"也好"妹妹平分关爱，甚至，还需不时稍让三分。

隔阵子，我们一家四口离开茄苳，回到了池上。那时，"也好"身子孱弱，经常生病，一发烧就三十九摄氏度起跳，动辄四十摄氏度，呕吐尤其厉害。我夫妻照料未及，大女儿就得一旁帮办。竟日忙乱中，碗筷甚至无人洗涤，狼藉一堆。内人没辙，只好试着教她洗碗。大女儿站在椅子上，颤颤巍巍，当然洗不干净，但是，也只能将就着。那时，她未满两岁。

从此，她性情大变。过了这段调适期之后，原有的乖张，已然隐去，照料妹妹的当下，让她真正成了大姐。大姐开始分担家务，照顾别人。在这样的形势下，一天天变化，变得温婉、变得忠厚。于是，她的生命有了第一次大翻转。

暑假过后，内人销假，返校上班，带着大姐同住教员宿舍。至于二丫头，则由茄荳二老照顾。说是照顾，其实也是陪陪二老。此外，我始终觉得，小孩有段时间

照料弟妹的当下，隐去了乖张，以婕真正成了大姐。黄华安摄

长住茄苳那样的老聚落，是会终身受益的。茄苳是个三百多年的老聚落，亲戚邻里，往来极为频密。打从襁褓起，小孩就在大人怀里，静听家常，最有人世之安稳感。然后，大人们相继接手、轮流抱着，那人情之温厚、风日之闲静，自然会沁入婴孩的心魂深处。这对小孩性情之助益，比起幼教专家倡导的种种方法，都来得更真实，也更深切。

更何况，这样的老聚落，最懂得敬天与畏人。台湾的品德教育之所以愈盖推行，是因为他们始终执着于西方观念，从不知回返中国几千年来敬天畏人的古老传统。事实上，只有回到自己的老传统，才可能获致真正的新生命。茄苳祭祀繁盛，别的不讲，单单每天清晨，家母先到家中三楼，向神明、祖先敬奉清茶，然后，带着孙女，缓缓走到庙里，一阶阶楼梯，拾级而上，先上香礼拜，后喃喃祝祷。在这样的袅袅馨香中，她们祖孙的每一天，都可以既深稳又清扬。岁岁年年，日日如新，一如那天天初升的朝阳般新亮。

二丫头住茄苳，虽然甚好，但溺爱的问题，却仍难免。较诸大姐，那宠爱，其实不遑多让。所幸，她发育得慢，不似姐姐早熟，因此，宠溺之影响，不算太甚。但等她稍稍长大，还是不少问题。她天生会撒娇，没事总像麻糬般黏在爷爷怀里，爷爷一开心，啥事都依她。

她依赖心又重，啥事都要二老代劳。到头来，二丫头竟成了不折不扣的千金二小姐。这当然不行。不能老让人呵着、护着她。她依赖的坏毛病，至今无以根治，但形势若有扭转，自然还会稍稍好些。

于是，她的小弟薛朴出生。那时，她已满三岁。因为年纪稍长，面临"失宠"的心理调适，比起大姐，困难许多。小弟薛朴出生，不仅大人的重心纷纷他挪，连大姐也无心旁顾。依赖成习的二丫头，顿时失落，直至如今，她与小弟仍经常闹矛盾。姐弟间合纵连横，她总落居下风。因此，她失衡甚久，动辄哭闹。但哭闹之"成效"，其实有限。山不转，路转；路不转，人转。她也只能慢慢调整自己了。

然后，问题又转到了薛朴那里。认真说来，薛朴上有大姐、二姐，这时，还另有堂哥、堂姐，换言之，他已是家里面第五个孙子，二老理应一片平常心才是。其实不然。一则，二老认定薛朴是长房长孙，总是另眼相看；二则，薛朴天生喜气，特别讨二老欢心；三则，也是最要紧的，薛朴住茄莛最久，他连续住了整整一年有半。

在那一年半里，他几乎是整个街坊的中心。每天但凡爷爷抱着，或是奶奶牵着，刚刚走出屋门，街坊中"阿朴"之声，便此起彼落，不绝于耳。左邻右舍要么轮流着抱，要么走过来轻拧一回，要么就笑脸照他一眼。若到庙里，不论识与不识，也都喜滋滋地望他、摸他。这喜滋滋，与庙里袅袅馨香中的深稳清扬，格外相称。薛朴的喜气与可爱，除了源于天生，也受益于那一年半的人气熏染，更感染自街坊邻里的笑语清和。

这一年半里，薛朴人人抱着，人人疼着，当然，二老也不时宠着。几年下来，我夫妻早有默契：但凡宠溺不算太过，我们多半就不甚言语；待来日回返池上，再慢慢调整吧！于是，日后薛朴回到池上，等于自天上坠落到人间。所谓人间，无非就是俗话所说，"不如意事十常八九"。

譬如吃饼。

茄萣有种"白香饼"，裹着麦芽，带着面粉香，很爽口。薛朴但凡想吃，二老立刻递他圆圆整整一块。他通常咬两口，便丢下不吃，然后径自玩去。隔会儿，又嚷着吃饼，二老拿起方才咬过的那块，他睨一眼，摇摇头。于是，爷爷奶奶赶紧又拿一块新的。这回，依然只吃一两口，便又撂开。如此这般，一天数回。

待他回返池上，形势丕变。薛朴若想吃饼，内人噘嘴要他找我，找了找，呵呵，可从没完整一块！头一回，我就剥了半块，他自然是摇摇头，我说："不吃，拉倒！"他哭了起来，我当然毫不理会。隔了一会儿，他忍不住，又想吃，我便剥了四分之一给他。薛朴看了一下，

三个孩子与爷爷奶奶在一起。

又摇头，我笑着说："你不吃喔？"又过了一会儿，他回心转意，低声说想吃。这回，我只拿了八分之一块饼，他熟视之，停了半晌，伸手便拿。这时，我反倒缩手不给。要拿，得先闭眼，再拍手，然后原地转三个圈。依此"程序"，完成了"仪式"，我才将这八分之一块小小的一份饼递交给他。他双手拿着，显得小心翼翼，然后，细细咀嚼，慢慢吃完。那滋味之绵长，即便再小的饼屑，他都没放过。吃毕，薛朴一脸清和，很认真地说道："好好吃喔！"

小惩大诫

合度之体罚，乃堂堂正正之事。

体罚，只要是心平气和，只要适度，不仅没错，而且应该；不仅应该，在这价值混乱的时代里，还必须理直气壮地公开表述。

《易经》有句话说："小惩大诫，此小人之福也。"

上回，读小学一年级的薛朴，因忘了带餐具，老师要他暂用学校的备用餐具。他不肯，即使百般劝说，不仅坚持不肯，还哭闹起来。老师无奈，遂打了电话，问我能否送餐具过去。我当场回绝，还说，薛朴若不要备用餐具，可以不让他吃午餐。

后来，薛朴妥协，吃了饭，当然也用了学校的餐具。但是，回家后，依然被我打了三下手心。不是因为他忘了带餐具，而是因为任性耍赖、不听劝告，更是因为当众胡闹、一错再错。

如果，像薛朴这样犯错，老师家长一看，觉得实在离谱，应该予以体罚。可同时却又因时下种种理论、专家各式说法，遂犯踌躇，甚至自觉理亏；即使处罚了，也心怀忐忑，怀疑自己是否耐心不够？别人诘问了，也觉得站不住脚，像犯了什么错似的。如此这般，就意味着，教育已出问题了。

　　如果小孩犯了严重错误，老师平心权衡后，给予合度体罚，这时，教育行政机构就会直接干涉，甚至还依"法"处分。而后，媒体又不遗余力地大加挞伐。如此这般，便意味着，教育已出大问题。

　　多年前，内人带着大女儿看病，到了诊所，小儿薛朴不知体谅，又哭又闹，惹得候诊室内一阵骚然。内人先是哄着，安抚了一回，又劝慰了两回，岂知薛朴不识好歹、越闹越凶。内人气恼不过，遂将他带到骑楼，结结实实地打了两下屁股。这时，有位时尚女子恰好经过，衣冠楚楚，端端然停下脚步，一脸严肃，正色言道："这位太太，你这样的行为是不对的！"

　　哇！

　　这位女子如此自以为正义，不禁让我想起这些年来台湾许许多多的教改人士，譬如"人本"（"人本教育基金会"是台湾引进西方教育理念最有影响力的团体）理念。三十余年来，教改人士秉持崇高的"使命"，不断大声疾呼，以"救救孩子"为名，推动了教改工程。他们的慷慨痛陈，曾经备受支持、屡获期待。因此，他们掌控了话语权，也垄断了论述权。从此，他们以正义之姿，不断指责教师与家长；同时又怀着强烈的优越感，以启蒙者的姿态，扮演了教育政策的指导者。于是，三十年下来，教改大势，所向披靡。然而，也就是这三十年，他们勾勒的美梦，变成了今天的噩梦；他们的教育理想，也成了台湾教育的灾难；他们以"救救孩子"为名，一步步毁掉了新世代的未来。

而今，这些"满怀理想"的教改人士，与那些自我感觉良好的官员学者，依旧觉得，教改"未竟其功"，纯粹因为家长与教师的顽固与颠顸。然而，不论是"顽固"的家长，抑或"颠顸"的教师，他们站在第一线，每天真实深刻地面对教改"成果"，每天承受"教改土石流"的冲击，完完全全是另一番"点滴在心头"。他们不仅看到日趋凌乱的校园秩序、日益不堪的教室管理，而且还成天听闻校园霸凌，更不时听说某某教师受辱，甚至被殴。凡此种种，他们的委屈、他们的切身之痛、他们的濒临绝望，又岂是那些高谈理论、自诩有爱心的教改人士所能感同身受的？

教改人士一向擅长理论，总爱援引西方概念，他们的理论严密，自成一套完整系统；他们滔滔不绝，其实，一般人难撄其锋。这些理论，乍听之下，似乎都对，又因大家惯于对西方谦卑，面对"国际化"这样的字眼，也就容易被震慑住。别人如何，姑且不论，单单说我自己，刚教书那晌，就曾经很信服这些教育理论。结果，我越是相信、越死心塌地服膺，却越感无力。于是，我不免纠结、不免狐疑、不免陷入所谓"理想与现实"的挣扎。所幸，我是乡下出身，民间的底气一直都在；我幼时所受的熏陶，始终未曾忘怀；再加上我接触儒释道三家甚早，多少有了些自觉。因此，只糊涂了一小段时间，直觉不对，回过神来，便彻底转身了。

回过身后，我仍在基层学校待了许久，很清楚地看到整个教育往崩坏的方向疾奔而去。三十几年前，台湾教育主管部门风风火火，酝酿着"九年一贯制"，勾勒出美丽的教育愿景。有一回，我应邀到东华大学师资培育中心演讲，当时曾断言，"九年一贯制"只会使教师不胜其扰，学生水准也逐年下降，除此之外，别无助益。而后，"十二年制"登场，助长贫者愈贫、富者愈富，加剧城乡差距，且让教师、家长日益无所适从的另一场灾难也即将到来。但若论对于下一代的真正伤害，"九年一贯制"也好，"十二年制"也罢，仍远远比不上严禁体罚。

教改人士总说，体罚会造成人格扭曲。这话不算全错。因为恶性体罚，确实会伤害孩子的心灵。这就好比暴饮暴食，必对身体不利；这又好比用药过猛过烈，也会伤身毁体。但不管如何有弊有害，饮食与药物终不可废。体罚一事，其实相同。饮食固应节制有度，药物亦须谨用慎使，至于体罚，问题也在于如何拿捏分寸，如何适时与适度上。若能做到小惩大诫，自然吉祥止止。若不分青红皂白，便贸然严禁，就跟废饮食、禁药物一样，完全荒谬与错乱。

问题之关键，在于体罚的合度：一则心平气和，无有盛怒；再则符合比例原则，让小孩心服口服。若能如此，依照我在学校的经验，学生其实都能接受，且多半能从中受益。如此合度之体罚，不仅维系了团体该有之秩序，对小孩的学习与人格培养，也是利多于弊。我以前教书时，便清楚地感受到，家长越是标榜在家不体罚，他们小孩性情乖戾、自我中心的比例反倒越高。性情最好的小孩，通常是成长于管教合度、既不太过也无不及的家庭。

再者，教改人士总说，体罚只能有短暂的吓阻作用，不能有根本性的改变。此话诚然。因为，不管是体罚还是奖励，或者婉言相劝、循循然说埋，总之，任何的教导方式，究极说来，都只能起一时之效，极难有根本的改变。事实上，真要根本改变，谈何容易？除了建基于长期积累上，还有待于时节因缘，更有赖于执教者强大的生命修为。凡此诸事，岂能率尔达成？别说体罚，其他的任何方式，也都断乎难臻此境。

教育，本积累之事。任何方法，但凡合宜，即使只是一时之效，都不该偏废。任何手段，都应全面权衡，更应因人而异、顺时而变。较诸其他手段，对于大部分的年幼无知者、轻率蛮横者，体罚的方式，特别能收戒惧之效。小惩大诫，孩子若能知所戒惧，便多有敬畏、多有虚心，来日进一步改变，也才庶几可能。若因难收根本之效，便轻率言废，那么，若非浅薄无知，就是好高骛远、不切实际了！

遗憾的是，台湾教育主管部门全面禁绝了体罚。从此，固然免除了校园内少数恶性体罚之弊，却招来了全面秩序之荡然，导致今天中学的教学管理日趋瘫痪。休说基层教师充斥着无力之感，即便是高唱爱心的教改人士，真让其担任导师或训导人员，恐怕多数会望而却步。更别说那层出不穷的师生冲突和校园霸凌事件，早已让校园宛若原始丛林。教师与学生，人人但求自保；导师与行政人员，也不时相互卸责。至于教育主管部门，因迫于舆论，也只能四处举办各种"友善校园""反霸凌"等宣讲活动。但是，这些活动，其幼稚可笑、其荒谬错乱，连学生都觉得匪夷所思。

就这样，台湾教育部门一边高举"严禁体罚"，一边掩耳盗铃；一边满口爱心，一边又将教育推向绝境。问题是，身为教师与为人父母者，又岂能坐视不管？即使如何悲观，也不能完全绝望！事实上，台湾社会赞成适度体罚者，一直如同主张维持死刑者，从来都是社会的多数。只不过，他们的声音一直被压抑、一直隐而未显罢了！另一群人，虽掌握了话语权，垄断了论述权，但是，他们毕竟仍是少数。而今，因为不愿意绝望，因为起码的公道，隐性的台湾必须发声，沉默的多数也应该表态，但凡赞成合理管教的你我，都有责任明明白白、理直气壮地公开表述：体罚乃堂堂正正之事，我们赞成适度体罚！

【后语】

我的三个小孩，都曾经被我们夫妻打过手心或是屁股。薛朴因为是幺子，幼时爷爷奶奶也宠溺较久，再者，小男生通常较不懂事，因此，他使性蛮横的情况也最多。早先两三年，他一不高兴便乱摔东西。只要他生气时摔东西，我们夫妻必定予以处分。一般说来，三个小孩都是幼时体罚得多，等渐渐长大之后，就体罚得少。像大女儿自小学三年级起，其实已极少打她了。

我这三个小孩，既非伶牙俐齿，亦非多才多艺，更算不上聪颖过人，但是，他们平日过得挺快乐。他们之前虽说有些任性，但现在都改了许多。出门在外，都算有分有寸。尤其他们都有着旧式小孩的天真与可爱。那回，我带着妻小给一位文化界前辈拜年。他说我孩子养得好！接着，又叹息说道："台北已经很难看到像这样的小孩了。"

游春涉险——关于阅读

茄萣，渔盐之地。我家晒盐，但乡人多捕鱼。海上讨生活，风涛险恶。尤其隆冬捕乌鱼，最是年度盛事，也最要在天寒风疾之时浪头上拼搏。因此，讨海人比较彪悍。

彪悍之人，说话必音节铮铮。幼时，我爱听讨海的人讲话。说是讲，其实是嚷。他们打着赤膊，一身黝亮，尽是海风吹晒之气。一开口，便常来个"三字经"（台湾人爆粗口多是三个字，故而被戏称为"三字经"），有时单字，有时五或七字，有时更长。声洪气足，很是响亮。他们喜欢话说一半，又来一句；煞尾之时，再补一回。总要如此这般，才算"曲终奏雅"。

后来我读中学，听老师讲解文言文，才知道乡人说话，亦同古文，讲究发语词、语助词，最后，还有个语尾助词。无怪乎起承转合间，每见抑扬顿挫。虽说粗俗，难登大雅，但那时听来，仍觉戛然爽利，字句铿然。

小学毕业之前，我也说粗话。首先，乡风如此，有样学样；其次，家里不太管；再次，能学的内容，其实也不多。幼时寒微，父母亲又没上过学，家中除了课本和参考书，环堵萧然，全无书册。学校当然稍好，但也仅止于稍好。教室前头有儿童读物箱，薄薄几册童书，早已翻到烂熟。直至毕业前夕，学校初初有了图书室，内除烂熟的儿童读物之外，倒新添了厚厚的《中华儿童百科全书》，但只有前面两册。我用课下时间，一字一句，都细细读过了，视若珍宝。但是，除此之外，再无他书。

所幸，还有报纸。班上有《国语日报》（一份专以儿童为受众的报纸），但翻了一翻，似乎不甚有看头。四年级时，邻居订了《中华日报》。《中华日报》是台南地区第一大报，我常瞅见隔壁大哥早上拎着报纸进入屋外的旧式厕所，许久之后，又见他悠然捧着那叠报纸缓步而出，状似满足，且一脸轻松。

民间之人向来松散，也多半自在。在乡下，左邻右舍的厅堂，但凡没关，都算是半开放空间。通常可以随意而入，信步而出。有时他们聊天，我或立或坐，就一旁听着；有时他们看电视，我时站时坐，也一旁瞧着；偶尔厅堂无人，我进去呆坐一会，又傻乎乎走出来。四年级之后，最常到供着朱府千岁①的邻居厅堂坐着。袅袅香烟中，那尊朱府千岁，一脸黝黑。神座旁，有一根狼牙棒，一把宝剑。但我最在意的，是桌上那份《中华日报》。

那时看《中华日报》，真是波光潋滟，浩瀚无边。从头版头条到内页小启，怎么看怎么新鲜。小学四年级的学生，哪懂？但是，正因懵懂，才觉好看至极。字多不解，词亦不解，内容当然更不解。但我一路读，一路揣度，甚至也不揣度，单单看着，单单读着，如游春，如涉险，沿途多有唐突，却皆成景致。每每看罢，顿觉豁然，更觉舒坦。

于是，我几乎天天去看朱府千岁，更天天去读《中华日报》。读了，纵有不明，既不找人问，也不找人谈。但是，无妨。从小，我很习惯听大人讲话，也爱听。但凡不知，就存心底，然后在心上过了又过，极久之后，乍然明白，那是极乐的！听便听，本无须发问，更无须发表意见。听话本身，早已圆满俱足。那时上学，就只听课，从不发问，其实，最有种天清地宁之感。

似懂非懂间，我从各式消息看到国内外新闻，读着读着，有种清宁，更极有种乐趣。那种新鲜有趣，很像

---

① 五府千岁之一，为闽台一带的汉族民间宗教信仰。

看着父亲赌四色牌：数人围坐，我只站父亲身旁静观，从不言语，很快就学会了。较诸小学之前便已熟悉的象棋，另有一番趣味。但是，相较之下，报纸的趣味，恐怕更大、更多，也更长久。

直到小学六年级，原籍广西、年近六十的班主任，到了教室，偶尔也会拿份报纸，谈些重大新闻，并稍事评论。这会儿，我像是突然遇到了知音。头一回听到有人谈我默默看了两年、猜了两年也拼凑了两年的这些报纸上的新闻。每回听讲，我极专心听着，每次都像解开了惊人秘密。于是，原来有些模糊的揣测，或对，或错，总之，都清晰了起来。

我注意到，老师手上拿的报纸，其色泽，其质感，似乎皆有不同。他有时拿《联合报》，有时带《中国时报》。听说，那是台湾两大报。我则直觉，较诸素来熟稔的《中华日报》，确实另有一种气派。

忘了是什么机缘，后来，我竟先后得以翻阅这两大报。拿在手上，仔细捧读，虽只三张，却沉甸甸的，如胜珍宝。对于这薄薄的三张报纸，我不仅深具好感，而且心生崇敬。

不久，我小学毕业。那年的毕业考试，不知为何，试卷不仅没有明确考试范围，还增添了几道时事题目，结果，难倒了不少素来成绩优异之人。托平日读报之赐，我傻乎乎考了个全校第一名。第一名有何要紧，其实我未必清楚。但早先在同年级七个班里，我们班老在末两名徘徊，班主任老师每提起考试，总多丧气；结果，毕业考试后，他显得特别精神，很是意气风发。

我父亲似乎也高兴。他平常不太管我，几乎不问学校之事，甚至月考考差了，我偷拿他的印章，盖成绩单后交差，他也不甚闻问。但后来，他不仅参加了我的毕业典礼，还与老师、校长会了餐。餐毕返家，父亲不掩得意，向邻居说了好些典礼、会餐之事。

或许正因他高兴，我便陡起胆气，向父亲请求订报。他说，到邻居那里看，不也一样？我回答说，是要订不同的报纸。结果，父亲答应每个月花一百五十元，为我订了一份新报纸。

新报纸，新生活。从此，不管学校功课多重，每天我总得花半个小时，将报纸里里外外细读一遍，尤其副刊，几乎篇篇都看。许久之后，我才明白，当年的两大报，都颇带文人色彩，不同于其他报纸，也迥异于今日各报，因为那是文人办报。我当时年少懵懂，报上内容也多有未明，但是，隐约感觉到，报纸的后头有股精神力道。因此，才上中学不久，我便与小学卞然远离了。首先，不看卡通不翻漫画了，忽然觉得，那有啥好看?!其次，旁人的热闹起哄，也顿失掺和之兴趣，总得瞧瞧，心头过过，才可算数。最后，我自幼所习，一直讲到小六的粗口，也忽然不说了，不是好或不好，只是，于我并不相宜。

而后，光阴荏苒，三十年倏地又过。那一日，内人言道，现今学生明明从小就有阅读训练，但不知为何，遇到较繁复的叙述，多半却步，反射式地排斥，连试都不愿一试。我说，这是因他们从小习于浅阅读，惯于迎合，只读懂的，只看成人迁就于他的所谓儿童读物与儿童节目。一旦习惯了轻松容易的，当然要排斥费神难解的。现今的阅读运动，学生自然欢喜，也似乎养成了他们的阅读习惯；但这种习惯，长久看来，却未必是好。

内人听我言罢，便问道，如何才不算是浅阅读？我指着六岁的薛朴说，譬如他看京剧，哪会全懂，但分明有着好感；再譬如他们姐弟读《三国演义》，好比古人幼年读经，更好比我们童稚时听大人讲古，甚至只是闲话家常。凡此，都只是懵懂，却都能助小孩子开向一个可向往的未知。现今小孩最欠缺的，其实是一个可向往的未知。对于这个世界，他们少了份虚心，就会失去许多兴味。内人听了，忍不住反问："小时候，你也从不看京剧，没读《三国》，更未背经书，那又如何？"我笑着说："读报呀！我小时候看报纸，多有不懂，但可认真、可有趣呢！"

【后语】

有个朋友姓周，夫妇俩在台北五分埔开服饰店，皆忠厚质朴之人。上回，我在他店里闲聊，谈及小孩的教育，他夫妇俩皆感慨，也纳闷：现今的小孩，花在学习上的时间越来越长，怎么成绩却越来越差？

他们有两个小孩，一小六，一小四，除了学校上课，外加补习，常常到了临睡前，功课都还写不完。仔细算来，孩子每周花在学习上的时间实在不少，学习的分量，也远比周先生当年读书多了许多，但是，成效为何如此不彰？

我才听罢，便说，他们这辈还不只是学习时间长，学习的花样才更繁多。但见教育专家不断研究新花样，学校老师也不断变出新方法，图书馆更是不断增添新图书。更尤其，现今台湾大张旗鼓、震天价响地推行"阅读运动"，最是热闹非常。但所有努力的结果，却只有一个：学生的阅读能力越来越差。

这些年来，所谓的"阅读运动"，真是风风火火。许多社会名流，为了下一代的未来，费心思、耗气力，不辞辛劳，大肆推广。教育部门结合各级学校、图书馆以及书商，不论"亲子阅读""儿童阅读"任何一种活动，无不热闹喧腾。尤其在学校里，排阅读课、写学习单，老师一边布置一边鼓励，竭尽所能，希望能让孩子养成阅读的"好习惯"。

在这种努力下，孩子的阅读量逐年加大，不可谓不惊人；但是，孩子的语文水平，却不见提升，反倒年年下滑。问题的核心就在于他们的"浅阅读"。"浅阅读"只有数量的累积，却没有能量的聚焦。这样的"阅读运动"，貌似造福小孩，实则遗祸后代。教师与家长，可不慎哉？

戏迷薛朴

　　小孩不听话，免不了要处罚。家家户户，处罚的方式，自然林林总总，但若说起薛妈妈处罚薛朴的法宝，那可真算稀罕。

　　见过薛朴的人，多说他可爱。但在家里，其实淘气，又爱哭，而且经常和二姐斗嘴斗得没分没寸。(刚刚薛朴经过，看到此段，还贼贼地说道："爸，不是有句成语说'家丑不可外扬'吗?")有时胡闹过头，恼火了他妈妈，这时，便会听到厉声一喝："薛朴! 从今开始，不准你看戏!"

　　闻听此喝，一如焦雷轰顶，只见薛朴立时气丧委顿，啥话都说不出，啥胡闹也闹不下去。看官，这一喝，威力竟然如此之大。这"不准看戏"，竟也成了薛朴最大的罩门。你道，这又为何?

　　话说，薛朴现读小学二年级，日前写着功课，有道造句，题目是"（　）有（　）、有（　），最（　）还是（　）"，但见薛朴傻乎乎地盯着作业本，一声不响，埋头苦思，许久，才用他歪歪斜斜的字体，忽小忽大，就这么写了两行：

（京剧里）有（花脸）、有（小生），
但我最（喜欢的）还是（文武老生）。

嘿嘿！有这样的写法吗？没错，薛朴正是这么个戏迷。若用现代的话来说，他就是个不折不扣的戏曲发烧友。早在薛朴还没读幼儿园大班时，我骑单车载他一块理发，他理了个光头，一脸清爽；理完后，换我，他坐在一旁的藤椅上，无所事事。老板娘为了打发他，便打开电视，问道："弟弟，要不要看卡通？"我在理发椅上别过头说："他不太看卡通，如果有京剧，他爱看！"老板娘言道："现在哪有京剧？"我回说："没有的话，布袋戏或歌仔戏也行。"老板娘调了频道，总算找到杨丽花歌仔戏，薛朴遂安安静静、极专注地看着。待我也理完发，结了账，老板娘笑着说："怎么有这么乖的小孩？"停了半晌，她又忍不住啧啧言道："哪有小孩这么爱看歌仔戏的？还爱看京剧哩！"

呵呵！作为戏迷，薛朴一半是天生，一半是熏陶。

他从小生病，若是恹恹无气力，但凡妈妈抱着看戏，精神总会好些；若是哭闹，乍听丝竹锣鼓声，多少也就和缓了下来。在家里，多的是戏曲，再加上我们若有似无的引领，他从京剧入手，耳濡目染，几年下来，也算得上"文武昆乱不挡"。啥戏都爱看，啥戏也都爱听。不论文戏还是武戏，也不管是古典剧种抑或地方戏，反正，只要是传统戏曲，他就有办法看得忽忽入神。

作为戏迷，薛朴的生活，实在比一般同龄儿童丰富而有趣。平日中午放学，除了写写功课、背背书（《唐诗三百首》已背过六回，《论语》四遍，现正背着《史记·高祖本纪》；附带一提，看戏曲对他的背书帮助很大呢）、做做家务（洗碗、洗菜，晾衣、折衣，扫地、擦地）等正经事之外，纵使姐姐尚未放学，他独个儿的玩意可仍多着啰！譬如到院子里看草木虫蚁（可看好久）、窝在楼上看书（除少年版《杨家将》《济公传》之外，他最近读《西游记》的原文，这也受益于戏曲）。当然，他最大的乐趣，仍和戏曲脱离不了干系。只要有一支竹棍，几叠榻榻米，便能优游自在于一方天地：可耍把式，可练劈腿，可试翻滚，近日，他止学"朝天蹬"。玩累了，更喜欢的，则是到楼下看盘片。通常他自己找、自己放，熟门熟路；反倒我有时找张盘片，还得扬声一问："阿朴，那盘DVD放哪儿了？"

这些盘片以京剧为主，旁及昆曲、越剧以及河北梆子；前阵子，他还常看叶青的歌仔戏。上次暑假，薛朴和姐姐回台南的茄萣老家，每晚，他们仨陪阿公阿嬷看歌仔戏。原先，我还准备了河洛剧团的演出录像，但一家老小，却只钟情于叶青，很快便把数十集的《红鬃烈马》全数看完。看罢，薛朴意犹未尽，便将光盘又带回我们住的池上乡下，但凡没事，就再看个一二集，解馋似的。

若要说《红鬃烈马》，薛朴更熟悉的，恐怕还是京剧。京剧的版本甚多，他尤其爱听周信芳的《平贵别窑》与杨宝森的《武家坡》。我们平日在家吃饭，总听音乐。以前曲目由我取决，一向就是琵琶、古琴或者京剧、昆曲等轮流着听。这阵子，薛朴开始抢着要放盘片。倘顺利"得逞"，他总挑那几个"爷们"：余叔岩、周信芳、杨宝森等人的录音。这几位京剧史上熠熠生辉的老生大师，在薛朴口中，全像成日厮混的哥儿们似的。有一天，他听着一个唱段，薛妈妈问何人所唱，薛朴回答："余叔岩。"接着，马上又说："余叔岩的嗓子叫作'云遮月'。"薛妈妈诧异问道："什么是'云遮月'？""余叔岩的声音不太响亮，还有一点沙哑，他把这种沙哑的声音掺进他的唱腔，就叫作'云遮月'。"听罢这话，薛妈妈一脸狐疑，怎么听怎么觉得不对劲，这时，但见薛朴又贼贼地说道：

"没有啦，这是我在书上看到的啦！"

　　至于《红鬃烈马》里的王宝钏角色，他印象最深刻的，无疑是顾正秋。顾正秋是台湾的京剧"青衣祭酒"，她的演出录像，举凡《锁麟囊》《汾河湾》《文姬归汉》等，薛朴都爱看，但真要说反复观之、喜之不尽的，仍是这出《薛平贵与王宝钏》。不仅他爱看，连两个姐姐也不时"共襄盛举"；常常是三人边听边唱、边看边笑，热闹得很。最可怪的是，薛朴与他二姐，有时刚刚斗过嘴，彼

薛朴洗菜。

此还怄着气，才隔半晌，两人勉强坐在一起，戏看着看着，竟然就一个薛平贵、一个王宝钏，一人一段，两人对咬，又开开心心，唱了起来。

这样的对唱，有时在餐桌，有时在房间，更不时在行走的路上。平日他们三人走路上学，常常就是这么哼着、唱着，一路有歌声。不过，薛朴唱来唱去，不外乎就和两个姐姐玩，但上回的元旦假期，他却与珈后阿姨唱了起来。这珈后阿姨，姓刘，名珈后，专攻青衣，是国光剧团的青年旦角演员。那天上午，我到台北的大安读经学园，与几位老师、家长谈谈戏曲对文化的影响，也商请珈后到场示范。那时，只见珈后唱着《白蛇传》里的《断桥》唱段："你忍心将我害伤，端阳佳节劝雄黄……"这刚烈而柔婉的音声才一扬起，满座端然，原本房间里读经的小朋友也纷纷探头而出。至于薛朴，站在后头的椅子上，满脸兴奋，两眼放光。他一边听着，一边哼着，半句也没落下。珈后唱罢，大家反应热烈，我提起薛朴刚刚的模样，众人遂要他也来一段。迟疑了一会，薛朴竟说要和珈后阿姨对唱。珈后一听，当下说"好"，于是，一人一段，两人对咬，就唱起了《武家坡》唱段。这回唱薛平贵，薛朴算得上威风凛凛，因为，一旁的这王宝钏，音亮声烈，可厉害呢！

中午过后，我们转往内湖，前去戏曲学院看戏。这天，是朱民玲专场。朱民玲是戏曲学院京剧团的中生代当家旦角，也是薛朴的"师傅"（三年前，在我家楼上，由业师林谷芳先生主持，薛朴曾向朱传敏、朱胜丽、朱民玲等三位京剧演员敬茶"拜师"）。于是，我们一进剧场，便先去后台看望薛朴的"师傅"，这时，但见朱民玲正上着妆，不好太过打扰，稍事招呼后，便回转座位，静候开场。

待锣鼓一响，开了戏，薛朴坐得笔直，一脸专注。这天朱民玲贴演《勘玉钏》，是出荀派戏。这戏就故事性而言，其实一般般，但对演员来说，表演的空间却是极大。在京剧这种以演员为中心的表演体系里，是出好戏。朱民玲这出戏挥洒甚多，前演青衣，后扮花旦，一人分饰二角，前后的人物转换非常准确。整出戏唱做俱佳，演得极有水平。尤其前半场出演俞素秋在灵堂那场，恼恨决绝之际，不论声腔掌握，还是做工拿捏，都很有些角儿的风范，较诸大陆剧团那些梅花奖得主，其实毫不逊色。

这出两个多小时的戏，三姐弟看得津津有味，薛朴尤其聚精会神。待演出完毕，我们都起立鼓掌。散场后，薛朴恋恋不舍，嚷着要再看他"师傅"。到了后台，我夸祐谊（朱民玲本名）演得极好，祐谊很开心，穿着戏服，还特别抱着薛朴，拍了合照。

薛朴唱京剧。

朱民玲和孩子们
难得的合照。

待回池上后，薛朴仍念念不忘，于是，便在学校联络簿的日记里，记着他的台北之行："星期六下午，我去戏曲学院看我师父的戏，我师父先演青衣，后演花旦，真是厉害。"隔天，他老师写了评语："好棒的假期！"

文化水土，好儿好女

有一回，我到台北市立第一女子高级中学讲座，谈孔子。后来，有学生提问，现今是全球化时代，譬如中国人谈孝顺，其实，西方人也一样知道要尊敬父母。讲来讲去，不就是个普适价值吗？既然是普适价值，何必要特别标举孔子？又何必特别标举中华文化呢？

我笑着说，中国人的孝顺与西方人的尊敬父母，看似相似，实则是两码子事。

举个例说，我有个相识十来年的老友，自幼生长于美国，是个白人；后来，他长住台湾，也皈依佛教，受东方文化影响颇深。有一年，他因父亲年迈，回返了美国，在乡下陪老父。住了好一阵子，要离美返台时，老父送他到机场后，便伸出手来，紧紧握着他的手，很感激地言道："谢谢你回来看我！"

我对学生说，这就是中西差异。

对中国人而言，子女探望父母，乃天经地义之事。正因天经地义，父母不可能与你握手，更不可能感激言谢！万一他们突然伸手致谢，那么，你将作何反应？你当然会诚惶诚恐，急急摇头，是不？由此可知，两者虽有相似，但更有差别。中西的文化差异，可能比大家想象得大许多。换言之，与西方人相较，我们的身上的确有着很不一样的文化基因；若不明白这些基因，就无以了解自己。如果整天高喊"普适价值"，不明白，更不珍惜自身文化的独特性，初初之时，似乎无碍；待时日一久、年纪渐长，满脑子的"普适价值"与骨子里的"文化基因"，一显一隐，就难免彼此扞格、相互矛盾。这时，不免会纠结，更不免会有越来越多怎么也厘不清的困惑了。

　　诗人杨泽曾对某位美食作家言道，人过中年，尽可能要少吃外来的料理，应设法回归幼时熟悉的饮食方式，否则，身体会受不了的。

　　说得好！

　　请容我稍做解释：人到中年之后，身体渐衰，脾虚胃弱；幼时之饮食，脾胃最为熟悉，故于身体也最没负担，最是合宜。若至此年纪，仍一味寻新猎奇、广吃滥食，那么，就难免要自招戕害了。

　　同样，人在青春期之前，更应该重视本地化饮食。盖年幼之时，发育犹未完全，脾胃柔嫩，仍需温养滋润，重在一个"养"字。中医说"脾土",一方水土,养一方人;食材与饮食方式,既然在地,便多能与脾胃相调和,故可养人,也最合适于孩子的成长。

身体如此,那么精神呢?

精神上,不更该"养"吗?

尤其小孩,打从有了觉识(甚至早在娘胎时)后,其所见所闻,不管是行为,抑或是言语,便时时刻刻吸收着文化讯息(语言从来不只是工具,其后面必蕴含一套完整的文化系统),这些讯息一点一滴渗入,就变成了他们隐性的文化基因。待其渐渐长大,他们所受的教育,他们所受的环境熏染,若植根于这不自觉的文化基因,扎得深,契得紧,与心灵深处的记忆相俾相印,在如此调和滋养下,他们的生命才会有底气,也才能安稳厚实。

眼下的小孩,个个"聪明伶俐",似乎什么都懂,但细细一看,又总觉得少了些什么。事实上,他们最欠缺的,不正是一份生命底气、一份安稳厚实吗?当今多少父母,为了让孩子"多元"学习,为了让孩子"赶上时代",不辞奔波,不畏劳苦,如此焦急忙碌,但结果呢?孩子固然"多才多艺"了,但离生命该有的安稳厚实,却也越离越远了。孩子若无法安稳,待其稍稍长大,焉能不浮躁?又焉能不忧郁?可怜天下父母心,有多少家长,殚精竭虑,唯恐将来苦了孩子。岂料,费尽心思,却换来了一张张还没长大就已忧郁满布的脸；岂料，苦心安排下，却让孩子走进了无边无际的彷徨与空虚。

安稳厚实，才是重点；文化基因，才是根本。"君子务本，本立而道生"，小孩在身心安稳之前，应该浸润在自家的文化传统里；浸润得深，浸润得久，他的底气才足。有此底气，等长大后，不管是学习外语，还是接触世界多元文化，甚至行走于五光十色的花花世界，因其根基深稳，故可知分辨、有拣择、懂取舍，即使暂有混淆，只需稍一回神，仍能慢慢琢磨出身心安顿的平衡之道。

深契于自己的文化基因，才可能有真正的身心安顿。奠基于自家的文化基础之上的所谓"多元"，才可能是真正的枝繁叶茂。大家都希望孩子好，也希望为孩子打下良善的基础，但问题是，打什么样的基础？那天，我看到二丫头桌上有本书，随手一翻，遂读到其中一段话："是哪里生长的人，就该喝哪里的水……孩子们多喝点家乡的水，底子厚了，以后出门在外，才会承受得住异乡的水土。"

是的，水是故乡甜。因为，它最养人。

【后语】

以前台湾的学制里，孩子进了初中，才开始学习英语。这是对的。

自从高喊国际化之后，初学英语的年纪被不断提早，但结果却是两头落空：一方面，小孩的中文素养急遽低落；另一方面，他们的英语水平竟也缓步下降，平均下来，其实还不如以前进了初中才开始学习英语的上一辈。

不过，这样盲目地提早学习外语时间，最大的后遗症却不在此；价值错乱导致的空虚彷徨，才是致命之伤。

只要孩子文化底气还明显不足时，越早学习外语，对孩子生命安稳之戕害就可能越大。几年前，甚为流行的全英语幼儿园，其个中伤害，恐怕更难以估量。

语言是文化系统最强大也最重要的载体。学习任何外语，必然会接收到其背后的文化讯息。不管是否自觉，只要耳听口诵，语言背后的文化讯息，就一定会汨汨而入。真正有心的家长，切莫将语言小看成单纯的表达工具，也切莫低估不同文化系统的混淆对孩子的斫毁。

此外，更不能小觑的是，孩子看的迪士尼卡通、翻译过来的绘本、翻译过来的小说、电玩游戏、电子音乐，以及好莱坞电影。那排山倒海般的威力，连大人都很难抗拒；其背后强势的文化讯息，几乎渗透到我们生活的四周。如果家长不以为意，也无力拣择，让小孩的成长环境完全暴露于此，那么，等有一天，惊觉小孩心智已逐步空洞化，这时，恕我直言，多半已来不及了。

警惕"拜物教"

现代人强调自我，但渐渐地，却没有了自己。

上回，与高中老友吃饭，他带儿子一道前来。席间，除了用餐，他那初中刚毕业的孩子，没声没响，不插嘴，不议论，也未必听着我们说话。唯一可见者，他始终专注地玩着手机。老友感慨说，年轻一代就是如此，除了手机、计算机，身旁世界，不闻不问，无感无趣。结果，电子用品伴随长大的这代人，几乎都成了同一个样。发型、服装、语言，尤其是神情，都像极。有好几回，他远远望着一群年轻人的身影，都以为儿子置身其中；真要近前一看，方知错认。

唉！怎么都那么像了呢?!

是的，有史以来，从没一个时代，像现代这么爱标榜"个性"、"独特"与"自我"；但标榜了半天，也从没一个时代，如现代这般单一、同质而无趣。全世界各大城市，都市样貌，逐年一致；全球的大楼公寓，样式如出一辙；举世所穿的衣物，日益相似；生活习惯，更是逐渐"美"化：吃麦当劳，喝可乐，听摇滚乐，看好莱坞电影，再一块儿用iPhone。

年轻人最是相像，因为，他们都有个能量超强的老师，名唤"资本主义"。资本主义之拜物教，"教"会了他们许多"硬道理"：譬如，为了买iPhone，可以不惜与父母吵架，因为，买了iPhone，便可追求"个性"；又譬如，为了听演唱会，可以深夜成群排队，因为，那是追寻"自我"；再譬如，数万人听摇滚乐，集体催眠式地摇头晃脑，整齐划一地挥舞荧光棒，他们都说，摇滚精神就是"反叛"！

匍匐在这拜物教下，年轻人被调教得异常驯服。他们似乎很有"想法"，却极轻易受欺被瞒；他们满嘴"个性"，实则乖顺非常；他们满口"叛逆"，却毫无反抗的能量；他们勇于向父母顶嘴，却怯于对流行质疑。资本主义透过种种的流行词汇，渗透进他们生活的每个角落，再挟其庞大的洗脑能量，将他们驯化成一个个宅男、宅女。从此，有手机、有计算机，有影视歌手、有运动明星，足矣；身旁周遭，不管人情物事，抑或天光云影，甚至一草一木，他们是既无兴味，亦无感觉；真让他们看了，也多半如动物呆视般漠然。这漠然，让拜物教的年轻信徒，变成了众口一声、千人一面。于是，不管他们如何表现"自我"、如何标新立异，始终面目模糊，最后，则是完全没有了自己。

年轻人失去自己，当然是成人造就出来的。成人世界编造了一堆美丽说辞，不仅瞒却年轻一代，也欺骗了他们自己。你瞧！除了那些商业文案外，有一帮知识分子，受西方个人主义影响，不也人人竞相标榜"独立思考"吗？但可怪的是，这些"独立思考"者，"独立"了半天，仔细一看，好像都是同一种"思考"。不仅"思考"雷同，他们竟连神情也极像，多是纠结甚深，多是忧郁难解。

唉！怎么都那么像了呢?!

我想起了黄仁宇。

三十几年前，我读台大历史系，当时黄仁宇风靡台湾知识界，我虽说读书不算太少，但多半时候也是人云亦云。于是，因他叙述之"宏大"、观点之"新颖"，兼又人人喊好，自然，我也轻易被慑服了。我虽隐隐觉得不对，但哪有能力予以厘清？那得等到我离群索居十余载之后，终于有了自己做学问的方式，不再受时潮摆布，也不再受学院左右。同时，看人观世，甚至读书，也开始有种朝阳初起般的明亮感。从此，总算过了受骗之年纪，于是，我再看年轻人高喊的"自我"，再看知识分子标榜的"独立思考"，乃至黄仁宇"新颖"的"宏大"叙述，都不免感慨！

　　黄仁宇的史学，是将庞大的中国历史材料纳入资本主义的唯物史观，以其高明的叙事手法，恰好迎合了两岸务求经济发展、急盼追上资本主义"先进"国家之迫切愿望。因此，他反复强调的"数目字管理"，便被人人奉为圭臬。但是，当资本主义真正深化之后，大家才会逐渐明白：所谓的"数目字管理"，其实就意味着标准化，就等同于规格化。"数目字管理"，固可造就物量之勃发，但也扼杀了生命之自由。相比之下，眼下台湾的标准化更彻底，规格化也更甚；也因此，台湾宅男、宅女的比

看人观世，开始有种朝阳初起的明亮感。

例更高，年轻人的生命丰姿萎失于电子产品中，于是更虚无、更面目模糊、更千人一面。

台湾年轻一辈，其实不乏聪明才智、良善温厚之人，但是，在这三十年标准化、规格化过程中，在物化社会浸润下，逐渐失去了自己，也丧失了有感有兴的生命力。反观海峡对岸的大陆，近些年来，奉全球化之名，迅速踏上标准化、规格化之途，黄仁宇著作更在神州大地新红乍紫，"数目字管理"的"理想"，骎骎然翘首可盼。在社会发展的"硬道理"下，在知识分子的热切期盼中，我竟想起一个个台湾宅男干枯漠然的身影。此时此刻，这般联想，虽说有些煞风景，但有识之士，当不以我为河汉！

【后语】

许多家长将手机等"三C产品"，视为安抚小孩吵闹的"镇定剂"，然而，小孩一旦染上这"三C之瘾"，其后果，即使不是"不堪设想"，至少也是"难以收拾"。

乔布斯是信息产业界的"神"，却也是让许多孩子面目越来越模糊、生命越来越没气力的"魔"。产业界歌颂他，无可厚非，但是，文化界、教育界也一窝蜂地吹捧乔布斯，这种不知本末、尽失分寸的行为，正是孔子当年骂子路的"贼夫人之子"！

篇二　回身一望

祖父祖母，皇天后土

有位小学老师，曾在报上读了我那篇《两岸读经》，后来，他参加我的讲座，遂提问说，愿闻其详。我回答说，读经虽然重要，但有同样紧要甚至更为紧要者，譬如说，祭祀。尤其台湾南部祭祀虔盛，不妨常带学生，尤其让自己的小孩，多去拜拜吧！

话说，这十几年来，每隔两个月，我都带着妻小，偕家中二老，到台中一趟。去台中，是为了看林医师。林医师诊脉精绝，临症察机，常能治病于未发。我三个孩子，尤其家中二老，都有赖林医师善加调护。早先，由于舟车劳顿，颇费周章，加上台湾老年人特有之执拗，因此，对于这趟远门，家父一直意兴阑珊，总说不去。而后，屡经孙儿撒娇托请，央求再三，他先是勉为其难，渐渐地，也不复抗拒，便成了习惯。于是，两月一回，倒也几无间断，如是数年。但这回，却是家母说她不去。

台湾的老人人多半行事平和，甚少偏执，总能随遇而安。家母亦然。但这回我劝说半晌，她仍不去。你道为何？盖当天乃我祖父之忌日也。家祖父去世，至今四十载，忌日当天，家母年年祭奠，未曾稍息。即使这回，我劝她回返台中后过午再拜，她也不肯。言道，忌日之祭，唯能上午。

家母平日随和，一遇到祭祀之事，却从不苟且，毫无马虎。对祭祀这般之慎重，非独独我母，盖遍在于岛内四处也。《左传》有言，"国之大事，唯祀与戎"，台湾民间祭祀不辍，每每视为头等大事，其实，都通于昔日之朝廷，皆上古礼乐遗绪也。

数千年来，正因祭祀如此虔敬，才培养出一代代清和之人。尤其乡下老妪，多数年纪越长，越是和悦；越到晚年，越是静定。她们多半不识字，自然也未曾读书；经典里头的圣贤之道，通常也无甚听闻。但是，较诸许多饱学之士，她们生命之安稳信实，她们性情之清朗健旺，不仅毫无逊色，甚至犹有过之。何以然？盖因她们在中国文明的礼乐之中，日日行之，日日由之；虽未必知其理，未必明其旨，却具体真实地在行仪之中，点点滴滴间变化了自身，更形塑了性情。

这样的礼乐文明，祭祀是关键。除了祖父，每年祖母之忌日，家母也同样祭奠奉飨，未曾或断。我从未见过祖母，母亲也未尝亲见。事实上，早在我父亲年幼之时，祖母就因病逝世。去世至今，忽忽已七十年矣。七十几年来，岁岁年年，忌日有儿、媳祭奠，清明有儿、孙坟前扫墓，逢年过节则与列祖列宗同飨盛馔，即使平日，也晨昏一盏清茶与三炷馨香。这般的馨香袅袅，遍布于台湾乡间各地，于是，世人皆曰，台湾民风淳朴，台湾人情厚实。

祭祀，是对历史的报恩。中国文明不仅说感恩，更重视报恩。父母恩重，故中国文明标举一个"孝"字。"孝"是报父母之恩，祭祖则将孝思延伸，跨越了幽冥，使之绵亘，使之久远，辽辽无尽，犹如青山千万重。祖先之外，中国人也祭圣贤、拜仙佛，答报他们遗泽后世、惠及万民之恩。此外，各地还奉祀历朝人物，其中有成者，有败者，但不管如何，历史总因他们而铮铮然有响有亮。我老家渔村，寺庙很多，祀奉妈祖为最盛，一来答报昔日渡海来台护佑之恩，二来感激年年风涛但海上行船终仍一切平安。二十年前，内人怀长女，临分娩前数周，天天挺着大肚子，走到金銮宫，步上层层阶梯，向妈祖娘娘敬谢礼拜。离我家最近的庙宇，则是太阳殿，主祀日月星君。家中三个小孩，都是才刚会走路，便爬上一级一级楼梯，向"太阳公公"合掌顶礼。他们口中的"太阳公公"，其实就是崇祯皇帝明思宗。盖当年明末遗民，渡海来台，始终思念先主，不忘故国也。

祭祀，也是对自然的感激。人受恩于历史，也受惠于自然；由父母长辈抚育，也由皇天后土所生养。因此，中国人敬拜日月山川，奉祀四时节气，更虔敬于祭天与祀地。所有的祭祀中，祭天位阶最高。台湾乡下的婚礼，至今犹多规格极高的祭天仪式，曰，拜天公。我结婚时的拜天公，其慎重、其庄严，让我遥想历朝在天坛祭天时的神志清明与唯虔唯诚。有这样的清明与虔敬，中国文明才可以吉祥止止，才可以绵亘长久，辽辽无尽。

　　祭天之外，更多祀地。周代祭祀土地，名曰"社祭"，"社祭"后，分"社肉"。陈平早年寒微，就因均分

许多客家村庄，初初走过庄头的土地庙，便开始看见屋舍俨然，听闻人家的笑语。

"社肉"极妥极当，备受父老称许。"社祭"处，就是"社庙"，台湾则称为土地公庙。土地公庙分布极广，甚至连公墓处也经常可见。但见一尊甚高甚大的土地公矗立其中，慈眉善目，照拂阴阳。更多的土地公庙，则在乡野间。许多客家村庄，初初走过庄头的土地庙，便开始看见屋舍俨然，听闻人家笑语。待拜过了另一尊土地公，便只见一片豁然，眼前尽是离离稻穗。在水田边，走着走着，会忽见一株大树，或樟，或榕，树下总有一间小庙。庙埕不大，但有几张藤椅，老者聊天下棋，幼童嬉戏其间，那儿有绿荫凉沁，那儿有馨香袅袅，那儿最有寻常民间之好风景。

上回，我在稻田间的产业道上，领着孩子骑车，迤逦一路，望见前头有棵大樟树，我回头对孩子说，前面那是土地公庙，你们去向土地公爷爷拜一拜吧！他们三人才一听闻，不待分说，倏地便骑上前去，单车停在庙埕，忽地便在小庙中有模有样拜了起来。这恭敬礼拜，是他们的学习，也是他们的修行，更是他们寻常光阴的好风景。

【后语】

前些年，大陆掀起了一股"民国热"。随着开放自由行，又开始了另一波的"台湾热"。待深入接触了真实的台湾之后，大陆朋友对于台湾民间（尤其是南部）人情之温厚，普遍印象深刻，甚至颇有感动。

于是，有大量的文章，讨论这人情温厚之原因。不仅这些朋友议论纷纷，连台湾的某些名家也参与了讨论。这些议论皆有所见，但是，却几乎都漏掉了台湾民间的祭祀传统。避开最关键的祭祀传统而不谈，横说竖说，都难免有隔靴搔痒之憾。

换言之，真要"认识台湾"，就该从祭祀传统谈起；真要"疼惜台湾"，也该从祭祀传统做起。台湾的教育，应该重新和祭祀联结，让下一代懂得敬天畏人，让下一代懂得感激祖先、感激历史、感激天地，教育才可能找到自己文化的源头与活水。

寻回生命实感

我最近认识了怀仁。

怀仁现居德国，清华大学毕业，接着念北大硕士，而后留学牛津，最后转往汉堡。在世人眼里，她似乎极其顺遂，是个天之骄子。至少，她的学习历程，会让许多人心生羡慕。

但其实不然。

有一回，她对我言道，当初之所以选择清华大学，纯粹是因为高考之前，压根就不知要读啥专业。因父母都是工程师，自然也希望她走理工这条路。等脱离了高考压力，进了大学，在偌大的校园里，彳亍徘徊时，才体会到生命之无可安顿。清华五年（当时学制），苦不堪言，她一心想跳离机械和仪器充斥的冰冷生活，甚至还"闪念过退学"。对她而言，所有的课程，都疏离且痛苦；所有的学习，也"都和生命无关"。若问究竟想做些什么，其实她也说不上来；但不想做什么，倒是清清楚楚——就是"绝不做个工程师"。有一回，她与文学社的朋友互嘲，说彼此都是清华"败类"。

听她提清华"败类"，我不禁想起一桩往事。

那时，我念台大历史系，大一才开学，系主任言道，台湾"清华大学"有回开会，某理工教授发言，提到人文学院的学生，整天东晃西晃，成日优哉游哉，他深感不齿。"气愤"之余，遂当众辱骂那些文科学生——都是"人渣"！我还记得，系主任讲述此事，尤其提及"人渣"二字时，那一刻，真是神情愀然、肃穆非常。他的用意，无非想激励我们认真学习，免得让人瞧不起。当时，我在台下听着，却觉得十分好笑。但看到系主任如此认真、如此严肃，实在不好意思煞风景，只好忍住不笑出来。

相较之下，怀仁读大学本科时，轻易就滋长的生命实感，对某些人而言，即使年纪再大，都可能完全漠然。他们可能是教授，可能是院士，地位崇隆、备受景仰。但是，就生命的自觉而言，这些人可能是后知后觉，甚至是不知不觉。然而，这般不甚知觉之人，凭其社会地位，凭借主流价值，优越感却极其炽烈，所以，他们可以理直气壮地骂别人"人渣"。如此错乱颠倒，说来骇人，但也的确好笑。

话说，我读初中时，数理还行。有一回，还代表学校参加了两星期的科学研习营。但是，才一读高中，我就直觉到好像不是那回事了。数学也好，理化也罢，这种抽象的学问，毕竟与生命有隔。这些学科，固然有其价值，但确实不该夸大到如此颠倒错乱，更不该主流到丝毫不可撼动的地步。

高中时我读台南一中，这是所数理闻名之校。记得新生报到那天，有很多家长陪同报到。在他们的眼神里，我仿佛读到某种类似的期待：不外乎三年后，又带着子弟到某某医科或某某理工科名校报到、注册，如此云云。那时，若算岁数，我还未满十五，但不知怎地，这一旁的熙熙攘攘，却隐约让我有种错乱与颠倒之感。

有了错乱与颠倒，自然就有苦痛与难堪。怀仁不就因此在清华本科苦痛了五年吗？

我自己后来读台南一中社会组；接着念台湾大学历史系；当完兵，再到僻远的池上乡下长住。一住至今，近三十年矣。一路行来，我的人生选择，与多数人不甚相同。那回，我到台湾建国中学和一群历史老师座谈，谈着谈着，有位老师听我说得新鲜，又的确有理，但碍于他的惯性，却又实实难以同意，迟疑了一会儿，还是忍不住言道："薛老师！可是——你的想法在社会上不是主流呀！"

我笑着说："我从来就不是主流呀！"

是呀！我从来就不是主流，然而，我从来也不是非主流。主流非主流，其实与我无关。我只是走我想走、更走我该走的路罢了！囿于主流，固然是种禁锢；拘拘于非主流，人依然是不得自由的。禅宗有言"不与万法为侣"，孔子也说"和而不同"，这都在提醒我们，人若真要自由，首先，就得先明白自己到底是谁。

我后来在池上多年，因住处荒僻、离群颇远，故而得以徐然远眺，又因交游清简、时间充裕，也可以从容静观。于是，我远眺着岛内各式各样的心焦神灼、各种各类的彷徨不安，无论是政治的蓝绿对抗，还是教育的改革争议，他们都慷慨激昂、情深意切。同时，我也看到职场白领之纷纷爆肝，或是大学教授之频频过劳，他们个个全力以赴、勤奋认真。然而，这样的慷慨深切，如此之认真拼命，看似甚好，却又极不对劲。我总觉得，这里头有种无明，他们其实是被这种无明困住了。因为不清不楚，因为不明不白，他们的热情努力，都像是没了头的苍蝇，越是拼搏，越是较真，越像是耗竭气力的一场徒劳。

同样，我也静静观照着同侪朋友的人生起落，尤其那些主流价值认可的高成就者，常常令我感慨嗟叹。他们之中，当然偶有生命安稳、令人称羡者，但较多的是，有外表光亮却内心抑郁者，有忙迫不堪以致生命虚空者，亦有背负深重使命且又思虑万千、终至不堪负荷、最后走上自裁者。

　　他们都是好人，也都是极优秀之人，但是，他们不自由，他们半点不快乐。他们不仅被社会的主流价值给紧紧禁锢，更被自己的纠结葛藤给死死缠住。他们的不自由，看似源于家人、师长，也看似来自世俗价值，但

在池上这些年，因住处荒僻，故而得以徐然远眺；又因时间充裕，也可以从容静观。

根柢说来，关键仍在于他们自身。

他们都是聪明人，也都是认真之人，在成长过程中，他们曾被教导、自己也曾确信：聪明与认真，可以解决一切的问题。但不幸的是，真正面对生命困境时，他们越是聪明，越是较真，常常越无能为力。

我认为，人当然会有困境，也必然会有外在的重重限制，但是，人仍然可以有根柢的自由。只要自己明白，心头清楚，人依然可以脱得了困。"人在江湖，身不由己"，多半是个自我瞒骗的说辞。其实，人都是被自己困住的。解铃还须系铃人，只有自身一念之转，才可能真正脱得了困。

譬如怀仁，大学期间，她蕴积了五年苦痛，毕业后，挣脱了主流价值，告别了理工学科，才彻底翻转，改念了"冷门"的古典印度学。冷门与否，其实并不重要；舍啥取啥，也完全不要紧。要紧的是，怀仁转了个大弯，回过身来，人生的道路随之而宽。

而后，她结了婚，忙着养儿育女，在德国这样的异域他乡，孜孜不倦地教导着一双儿女，每日习诵儒释道三家经典。生活平淡简单，却有着她大学时期从未有过的安稳与信实。

儒释道三家，皆生命之学、皆智慧之学，都是教人清朗、教人自由、教人明白自身之学问。儒释道三家，

人当然会有困境，也必然会有外在的重重限制；只要自己明白，心头清楚，依然可以脱得了困。

都提醒着世人，教育之事，最忌"以盲导盲"；若以自身之无明，"努力"鞭策他人、"竭诚"鼓舞别人，如此好为人师，看似教育，实则造孽，终究是灾难一场。

教师之首务，是自身清楚、内心明白。有此清楚、明白，对于学生，便是最好的示现了；即使默然无言，都远远胜过糊涂无明的千言与万语。今天的老师，其实说太多了。好的老师，本无须多言，更不必时时说法，但见语默动静，自有一番感染力道。这种无言之教，在老庄，名曰"大化无形"；在儒家，则称为"身教"，如果是孔子，他就会笑着说道："二三子以我为隐乎？吾无隐乎尔。吾无行而不与二三子者，是丘也。"

同样，在家庭教育中，孩子毕生受益者，绝非时下流行的让他提早开发聪明、学尽才艺，然后再塞满各种知识。凡此，都难免揠苗助长，终至适得其反。事实上，在孩子的学习中，父母亲的自在与安然，才是最深刻的无言之教；在孩子的成长过程里，父母亲的清楚与明白，才是最受用不尽的资粮。

而今，怀仁每日领着孩子诵读经典，每日书声琅琅，这固然为稚儿幼女奠下了生命之学的厚实基础，但她又在反复吟诵中，慢慢咀嚼，细细琢磨，逐渐走出了昔日彷徨，让自身生命日益明晰，恐怕，这才是人生更大的一桩功课吧！

薛朴唱京剧

食养山房，幽居台北山间，人道是"当代辋川"。此地依山傍水，自在寂然，最是个清雅之地。

二〇一一年暑夜，与友人聚餐于此，沉沉暮色中，食养灯火明亮处，有山气凉沁，有水汽氤氲，宛如宋明古画夜色中的山水楼阁。我大女儿那时读小学三年级，看了看屋里屋外，说道："爸，这个地方好优雅哟！"

但是，这优雅寂然的食养山房，那年春天，在一个周末的中午，却传出了一阵剧烈的声响，你道这是为何？原来，一间大房里，内内外外挤了百来人，猛然爆出极热烈的掌声，同时，又有轰地巨声喊好。这轰然喊好，你道又是为何？

原来，薛朴唱着京剧呢！

本来薛朴说好要唱，但那天怯场，羞涩忸怩，迟疑了好一阵子。所幸，在众人鼓舞之下，他陡起胆气，仿佛那萧何神情，眉头微蹙，以童稚之音，矍然唱道："我萧何闻此言雷轰头顶，顾不得山又高，这水又深；山高水深，路途遥远，我忍饥挨饿，来寻将军。"唱着唱着，他的嗓音，实非洪亮，但这挤满人的屋子里，却清晰可闻。听着听着，一旁的几位行家、戏曲学院的专业演员，诧异地笑着："哟，还真有'麒'味呢!"

麒麟童，本名周信芳，有出代表剧目，曰：《萧何月下追韩信》。

食养山房，幽居台北山间。此地依山傍水，自在寂然，最是个清雅之地。

唱这《萧何月下追韩信》，薛朴五岁已满，却五音不全。当然，这不怪他，真要怪，得怪他老爸，那是基因遗传之故。薛朴又咬字不清，其实有些荒腔走板，那也完全遗传了我。然而，毕竟是小孩，大家丝毫不以为意，只觉得好玩，故全场一片兴味盎然。于是，他此段唱罢，人我皆乐，举座欢哗！

　　聚会完毕，大伙散去，纷纷到食养诸多小间里，各自用餐。恰好，我一家人又与张义杰、刘珈后夫妇同席，他们都是京剧演员，且新婚不久，对薛朴自然深感兴趣，遂围绕着京剧与小孩，聊了许多。

　　话说，早在襁褓之际，薛朴每回生病，总多哭闹，然而，但凡娘亲抱他看戏，乍听丝竹锣鼓之音，多半能顿时和缓下来。年纪稍大，自己开始播放盘片，便先看孙悟空，续看武生戏。那时，他迷大武生王立军，偶像则是赵云。看王立军的《截江夺斗》，既专注，又崇拜，看罢，认真问道："爸，你认不认识王立军呀？"他想拜师。

　　又一回，他左持木剑，右抱布娃娃，在客厅来回疾走。看官，你道这又是为何？这时，只见他正色言道："救了阿斗，刚刚回来！"再一回，他又仰头问道："长大之后，自己可不可以另取个字？"我说："行呀！"他遂自报家门："俺，姓薛名朴，字子龙，台东池上人也。"

看着看着，他开始看文戏。先是《三国》，他们姐弟仨，对"三国"故事熟。"三国"的那些风流人物，个个像熟人，平日尽付他们笑谈中。有一回，大姐裹着浴巾，以为长裙，作步伐婀娜状，自报，"我是大乔"，二姐接腔，"我是小乔"，薛朴无语，迟疑了半晌，忽然言道，"我是迷你乔"。

有时，他们无事聊天，就玩抢答游戏，譬如说，孙权，姓孙名权，字什么？又，孙权的爸爸是谁呀？又，阿斗的妈妈到底是糜夫人，还是甘夫人？这都算是基础题。有些"进阶题"，他们问着问着，我在一旁，都很好奇答案究竟是什么。

因此，他们看三国戏，有《群英会》，有《龙凤呈祥》。先是赵云起霸，那扎靠的大武生，可帅极了！再看诸葛亮，羽扇纶巾，谈笑风生，更帅！他们先看单折，再看全出。先看念，再听唱。听久了，跟着哼。哼久了，甚悦耳！于是，便由大姐抄着戏词，他们仨学会了第一个唱段——《龙凤呈祥》里《甘露寺》那折，乔玄所唱："刘备本是那中山靖王的后，景帝玄孙一脉留……"

学会了，他们便整天唱。坐着唱，站着唱，躺着也唱。游戏时唱，吃饭时唱，骑摩托车载他们也还是唱。唱得荒腔走板，唱得乐此不疲。然而，虽是信口乱唱，但那歌声，也真是清亮。于是，春节时，我一家五口到林谷芳老师家里拜年，他们特别唱了这段给他们的太老师听。这太老师，虽是音乐大行家，但听着那七零八落的调门，只是满脸盈盈笑意，很开心。听罢，很用力地鼓了掌，又每个人发了个大红包。领了红包，他们姐弟到院子看鱼去，嬉戏之间，有吟吟笑语，不时传入屋内。隔着玻璃，我望着庭院里他们姐弟的身影，听着那笑声，再想起方才的唱段，此时此刻，于是清楚，什么叫作新春气象。

又隔半年，八月的盛暑，浙江昆剧团演员张志红应林老师之邀，来台专场演出。我们一家特意北上，去了剧场，薛朴尤其兴奋，临进场时，他因年纪太小，不符规定，被挡在入口处。这一规定，平心而论，其实有理。因为无话可说，也确实没辙，我只好转过身去，搬请主办人林老师帮忙。这时，但见老师远远地对着工作人员，高声喝道："让他进去！他会唱戏呢！"

就这样，"会唱戏"的薛家姐弟，便在大姐的抄词调教之下，又学了一段段新戏。先是《三家店》的秦琼唱段，那流水板，一下子就朗朗上口。而后是听麒麟童周信芳的唱片。《华容道》他们本来就熟，周信芳的关羽又神采非凡，故而那段关曹对唱，他们特别喜欢。姐弟俩常常一饰关羽，一饰曹操，两人对咬，唱了起来。唱片里还有那段《萧何月下追韩信》，里头的二黄碰板，他们以前少听，觉得新鲜，又配合周信芳那沉厚又带沙音的嗓子，特有韵味，于是，他们才一学会就开始天天哼着："山又高，这水又深，山高水深，路途遥远……"

而后，他们开始看旦角戏，看《白蛇传》，尤其是那折有名的《断桥》。看多了，薛朴有阵子老学许仙，不时跌跪在地上，直喊："娘子饶命！娘子饶命呀！"我看了好笑，也直摇头，真不知他待会儿转身又成了常山赵子龙，那反差之大，转换之间，他会不会岔了气。

不过，真说《断桥》，他们还是喜欢白素贞，喜欢里头的大段唱腔，尤其是杜近芳那刚烈而柔婉又带些迷离的嗓音。那个时候，二姐清早上学，常常一边穿鞋，一边哼着《断桥》，哼着白素贞那段流水。那段流水，原本荡气回肠，二姐唱得却像民间小调。

谈到这段流水板，他们姐弟仨，一边听我说，一边应和，还跟着哼了两句，很开心。我一寻思，刘珈后是国光剧团的旦角，这不就是个现成的绝佳机会吗？遂商请珈后也来唱唱这段《断桥》。大概是看着他们姐弟仨的一脸期盼，珈后慨然应允，但因感冒，无法敞开嗓子，遂只轻轻唱道："你忍心将我害伤，端阳佳节劝雄黄；你忍心将我诳，才对双星盟誓愿，你又随法海入禅堂……"

这个唱段，原本是白蛇怒气方炽，带着些很愤烈之气的，然而，珈后因嗓子不适，只能"轻唱"，这一"轻

薛朴以童稚之音唱道："我萧何闻此言雷轰头顶，顾不得山又高，这水又深；山高水深，路途遥远，我忍饥挨饿，来寻将军。"

唱"，反倒更添温婉，反倒更是回肠九转。听着听着，薛朴两眼睁大，紧盯着他的珈后阿姨，听得出了神。待珈后嗓音落定，悠然唱罢，姐姐非常用力地鼓掌，薛朴则稍稍隔了一会儿，似乎才回过神来，更用力地鼓了掌。

餐毕，离开食养山房，归途中，我问薛朴："今天来食养好不好玩？"他说："当然啰！"我再问："为什么好玩？"他道："因为很多人唱京剧呀！""那么，今天珈后阿姨唱得好不好？""当然啰！那还用说！"最后，我很"认真"地问道："你唱《萧何月下追韩信》，有那么多人鼓掌，你会不会觉得唱得比周信芳好呀？"薛朴闻言，丝毫不假思索，立即高声答道："怎么可能？你的问题太好笑了吧！"

【后语】

中国文明，"礼乐"二字。台湾对传统文化有情感者，对于中国的"乐教"却多茫然。

台湾民间的"乐教"，至今依然可见，尤其在各地庙宇中。前阵子，我茄萣老家的"金銮宫"举办建宫十二年年大醮，除了庙埕唱的歌仔戏、布袋戏之外，诸多阵头中，尚有传统戏曲的北管轩社、"茄萣国剧社"，以及悬有"御前清客"四字的南管在后头压轴。这些戏曲，正是传统"乐教"的主体。

今日有心之人，若要找回传统的"乐教"，不妨先从戏曲下手。

薛朴回茄萣老家时，多和阿公一块看歌仔戏与布袋戏。有很长一阵子，电视的布袋戏从战国、楚汉相争，一路演到三国，最后则是《隋唐演义》瓦岗寨。每回回茄萣，姐弟仨必看。茄萣庙宇特多，经常有外台歌仔戏，阿公常带他们一道看。

在池上，所观之剧种更多。京剧是大宗，旁及昆剧，另有地方戏。黄梅戏《梁山伯与祝英台》，他和姐姐都爱看；前些时候，他们看越剧《碧玉簪》，大姐特别喜欢。最近，他们听川剧的历史录音，《贵妃醉酒》里有段唱腔，他们连吃饭都在唱，那最后一句唱词是，"独自一人怨东风"。

去年暑假，有朋友来池上小住，很诧异当时才准备读小学的薛朴词汇之丰富、成语之娴熟，我笑着说，那是看京剧的结果。但是，相较于对语文之帮助，戏曲对小孩更大的熏陶，则在于性情之陶冶。"乐教"的重点，本来就是性情。看京剧、歌仔戏，较诸听西方古典音乐和女神卡卡对孩子的影响，肯定不一样。

早起乃修行之事

　　那年暑日，当完兵，我只身来到台东，卜居在花东纵谷的池上乡下。当初新来乍至，有几桩心愿，却是萦怀已久，其中，最微不足道的是：从今往后，要过着"晚九朝五"的生活。

　　"晚九朝五"，其实不难，许多人即使住在大城市，即使身处喧闹，也依然能够如此作息。但是，这多少需要些恒心与毅力。可偏偏我这人，既无恒心，又没毅力。世间常言，天时地利与人和，我住池上，或可图此地利吧！

　　小时候住茄萣，倒有个天时。茄萣近台南，虽是渔乡，其实热闹。那时在茄萣，有个好处：我父母亲听不懂普通话，左邻右舍年长之人，也几乎统统不懂。因此，在老三台的时代，晚上才七点半，杨丽花的歌仔戏唱罢，众人便准时关闭电视。因为接下来的节目，新闻也好，

"晚九朝五"，其实不难，即使身处喧闹，也依然能够如此作息。

连续剧也罢，总之，他们是听不懂的。于是，要么做些家务，要么闲话一回。没多久，家家户户便纷纷关门掩户，尤其冬日，每每晚上八点不到，大家便熄灯就寝了。

　　早睡，自然早起。听家中长辈说，我上小学一年级时，尤其起得早。当时忒爱上学，清晨四点多便起身，将我母亲唤醒后，央她做饭。餐毕，时间还很早，且家离学校也只一箭之遥。每每，天刚亮，冬日甚至还一片漆黑时，我就"拖"着书包上学去了。说"拖"，是因个头极小，正常书包的背带，对我而言，其实极长。这一背，遂及地；这一背，遂在漆黑中一路"拖"着走去了。

据二伯母所言，寒天清晨，常见我才"拖"了几步，一下子便全然隐没于漆黑之中。邻居都很诧异，这小孩，那么早到学校做啥？今天你若问我，呵呵，我还真想不起来！其实，若非长辈提起，这事压根已毫无印象。但是，若真要回头揣想，恐怕也只能说是童稚的愚騃吧！然而，虽说愚騃，但容或还有份期待，有份憧憬，更可能有种朝阳初起般的新鲜与活气吧！

小时候，看啥事都新鲜。我那时安静，几乎从不发问，就只静静地看着身旁的人、事、物。从节庆祭仪、婚丧大事，乃至寻常生活里大爷的对弈、赌博、骂粗口、杀鸡、宰鱼、打小孩，才初初照眼，便俱生好意。尤其到了学校，不管老师讲些什么，字字句句，皆如金石之声。尽管幼稚，但因虚心，但因清扬，故而当时的光阴，委实贵重，彼时的世界，也实在辽阔。

年长之后，我才明白，这种朝阳初起般的清扬之气，原来就是"兴于诗"的那个"兴"字。《论语》全书，孔子言必称"礼乐"。"乐"，正通于"兴"。可惜，尽管孔子当年教人，特别标举了这字，且即使他一生恓恓惶惶，也始终意兴扬扬，但他后来的徒子徒孙，尤其宋儒之后，却终究学不来这个"兴"字。正因无此"兴"字，所以，中国文化在宋之后，纵然精巧，尽管绚丽，却难掩衰败萎缩之气。换言之，宋朝之后，中国文化开始有了暮气。

我在高中毕业之后，也开始有了暮气，从此，逐年沉沉。那时好读群书，尤其时潮下的文艺书籍，晚上随意翻翻，就忽忽半夜。于是，我渐渐成了一个准文青，开始有文艺青年的忧伤与郁结。到了大学，越睡越晚，有个冬天，常常半夜卧床看书，沉酣之至，总是读到清晨四点，方肯罢休。读书既多，触角更及政治与时势，我渐渐成了不折不扣的愤青，言理滔滔，论事激昂。结果，完全纠结紧绷，满面都是愤青特有的躁、郁、忿、戾。

读书，本非坏事，却未必就是好事。按理说，从高中到大学，本应是黄金岁月，更该是大好青春，但是，我却烦躁郁闷，全身不自在。我的不自在，肯定是读书读坏了。而这是否与长夜嗜读、越读越晚有关，我倒不清楚。但那时候，每日中午，昏昏而醒，才做了一会儿事情，似乎又暮色天边。这瞬间的天色将暝，确实让我有种愈懒的倦怠感，更有种情意荒荒的失落感。我隐约明白，那时的动辄愤怒、那时的躁郁难安，都源于内心深处那股挥之不去的暮气。

许多年后，我在更多的年轻人身上，看到了同样的愈懒暮气，而且，比我更深更沉。他们假自由之名，行放纵之实。单单一个生活作息，其凌乱、其无序，逐年不堪。大学四年，固然学得一些零碎知识，却积染了更多恶习。然而，不管教育改革如何呼声震天，大学新建高楼又如何纷纷而起，这一切终归徒劳。也因此，再精巧的"生命教育"，再频密的"环境教育"，也仍是扯淡。

这样的大环境，任谁都奈何不了。所幸，我有年幼之根基，稍一回神，尚能隐约意识得到。纵然如此，真要马上挥之而去，却又不能。天时、地利与人和，我是样样皆无。因此，我只好下定决心，另辟他途，重择地利。我决意毕业之后，先当完兵，然后找个有青山绿水、蓝天白云的辽远之地，好好重过简静的生活。

于是，1993年，我落脚池上。刚到的那几年，我的住处很是僻远。常见附近民居，晚上八点不到，便纷纷掩户关门，除了虫声唧唧，唯一片阒然。于是，我开始调整作息，更调整荒失已久的心气。如此一调，心气渐渐平静，遂能分辨真假虚实。有些书，有些作品，一照眼，便感觉得到作者有股暮气，已落巫魇。于是，任凭别人如何吹嘘，不管名家如何推荐，我终究不再有所眩惑。从此，读书既不贪多，亦不趋时，唯如寻常日子的日升月落，有种简静，更有种清宁。

如今，我通常晚上九点多就寝，第二天五点多起身，有时四点多起，便能听到远处佛寺的钟声。那晨钟虽远，却最清扬。修行人一向早起，因为早起乃修行之事。所谓修行，横说竖说，也不过是修得那朝阳初起般的新鲜与活气。正如我初初上学时，生命有种柔和、有份静气，更时时刻刻有个"兴"字。

池上·食养

这些年来，每当天蒙蒙亮，我便起床了。尤其冬天，清晨五点多，算是起得早。一年四季，天天如此，既不是为了运动，也没准备打坐，更非为了阅读。醒来这头一桩事，其实是洗米做早饭。

洗了米，放到电饭锅里，先煮饭；随即又淘米添水，置瓦斯炉上，后煮粥。冬天或是早春，日头出得较晚，常常是炉上的武火煮开了滚沸的米汤，倏地一阵喷涌，锅盖当当疾响，于是，赶紧转成文火，而后再探头一看窗外，但见海岸山脉的棱线初初光亮，棱线上开始有些朝霞，棱线下云雾依山缓缓而行。这时，回头又见屋内的两个锅子，一饭一粥，水滚气蒸。

一天，通常就在这粥饭的水汽氤氲中展开了。

这般洗米做饭，得从二十年前说起。那晌，教书教了九年，因年年"积极认真"，太过紧绷，遂心生疲累，且教书教久了，空空然恍若有失。于是，我留职停薪，请了半年假。请假后，待有了闲暇，才忽然意识到，自己的身体似乎有异。首先，每天醒来，整个上午昏昏沉沉，极难神志清爽；其次，拿毛笔也好，斟茶倒酒也罢，不由自主会抖。这当然算不得重症，但对于当时才三十几岁的我来说，确实是个麻烦。

于是，我遇见了林医师。记得头一回看诊，那可真开了眼界。我还没开口，但见林医师一边把脉，一边将我身上不管是已清楚感知或隐约未觉的病症，缓缓地一五一十地像揭秘似的都说了出来。我边点头，边狐疑，还不禁暗暗称奇。佩服之余，随即又听她言道，若真要调整体质，得慢慢来，首先养脾胃。

她说，依我个人体质，再依台湾的气候环境，从今往后，得少吃面食，尽可能吃米食，尤其早餐。我听罢，微微一怔，略感为难，说道："早上从来就只吃一颗馒头，前后九年了，天天如此。""不管，"她半点没商量，唯说道，"反正你就改！"

得！我改。

从此，遵医嘱，天天早上米食，日日晨起熬粥，果然，脾胃改善了不少，身上的那些麻烦，也逐渐痊愈。而后，我又带着妻小与二老，陆续请林医师调护照顾。尤其家里的三个"小萝卜头"，遗传我夫妻俩体质，身

生活在台湾乡间，身心日渐受益。

体都弱，幼时生起病来，挺吓人。若三人接连着出状况，岂止是人仰马翻。每回，林医师看了他们仨，东瞧西问后，总不忘叮嘱早上吃米食的重要。我在一旁，只唯唯称是，谨听耳。

从此，我只好更加坚持，旦旦煮粥，如是，便又匆匆数载。直至那年，两个读小学的女儿，因年纪渐长，清晨单单吃粥，总在上午十点多钟便饥肠辘辘、腹内空虚。因此，除了原来的清粥，遂决定新添白饭。但这一改变，新添的就不只是白饭。盖清粥之为物，配些酱菜，另加盘坚果，足矣。但换成了白饭，却觉得更像是正餐主体，一旁配菜，就该与之相伴才是。再说，林医师又一向不赞成早餐常见的那些腌渍食物。于是，我们家的早饭，只好从此日益"正式"：每天早上约莫七点，等内人将三个小孩陆续打理好之后，一家人俱于餐桌坐定。这用餐之"规模"，有时还胜过午、晚两餐。

这么"隆重"的早餐，除了一粥一饭，首先得有菜蔬。

这盘中菜蔬，一合时令，二无化肥怪味。

我家后院有极小一畦地，偶尔种些菜，最近除了几株青葱，丝瓜苗才初初新长。初春稍早时，也曾种了些茼蒿，虽照顾不多，但仍采了几回，尤其一早摘下，格外清香，即使不吃，单闻气味都顿觉舒爽。事实上，但凡自己种的菜，即使只是地瓜叶，也多有此香气。此外，菜蔬若是邻居所赠，或是买自熟识的几位阿姨，也皆有此鲜活之气。这鲜活，每每让我想起池上春天处处可见的野菜龙葵（闽南话叫"黑甜仔"），味甘，又带些苦涩，特别有种清扬之气。

念研究生时，我曾在台北的北投住了整整一年。每天一早，菜市场的街道似醒未醒、尚且冷清之时，有几位住山边的农民会蹲在路旁售菜，皆时令之蔬，数量甚少，其貌不扬，不肥，不大，且多虫咬，但每回一闻，好清香！池上的菜市场，反而不好买到如此鲜活之菜蔬。若是到了超市，则更不易。一般说来，市场为求卖相，

我家后院这一畦地，偶尔种些瓜菜，有自栽之乐。

青菜多用化肥；至于超市，更多是非时令蔬菜，因违反时令，不仅化肥泛滥，且常有刺鼻的农药味。

其实，去超市乃不得已而为之之事。以前我常劝内人，少到那儿买生鲜食品。不仅青菜不宜，即使鱼肉也未必理想。

再说鱼肉。

池上鱼贵，因距海颇远，运输成本也高。以前假日时，内人常到鱼摊买鱼，品质虽好，但极贵，偶尔吃吃，总觉得奢侈。

半年多前，我新识了一对鱼贩夫妇，老板自有渔船，满口鱼经，说起任何一种鱼，总可以如数家珍般滔滔不绝。虽说经常膨风吹嘘，但仔细一听，却也有趣。老板娘长于施惠，付钱买鱼之后，总又塞了几块鱼片让你带回。

他们夫妇喊我"弟弟"，乍听之下，颇为怪异，再听则甚觉亲切。每周两天，天未拂晓时，他们就从成功渔港开车赶至池上，天才刚亮，便抢了位子，停车摆摊。有阵子，警察取缔得紧，他们问我："弟弟，你和乡长熟不熟？"

他们的鱼价公道，鱼货也安全，一向不用双氧水或漂白水之类的添加剂。老板说起此事，总扬扬得意，远远指着鱼货，要我看看上头不时飞舞的苍蝇。然后，自信地言道："我的鱼，苍蝇敢沾；别人的鱼，苍蝇可不敢。"说话这神情,一副铁证如山模样。其实,他不说我也明白,这和青菜有虫咬,约莫同理。

此外,我买的鸡肉,可靠度也高。说可靠,倒不是多清楚鸡只的饲养过程,而是鸡贩之为人,素朴诚挚,实可信任。鸡贩邱太太,与我夫妇相识多年,每回买鸡,总会闲话片晌;她谈人论事,既不温不火,又入情入理,特别有种宽厚与通达。我常觉得,一般学者说话,多不及她明白;听她讲话,比起专家的高谈阔论,后头更有个真实的人。她为人实诚,挺清楚自己的局限,也明白自己的不足。正因清楚明白,所以她自在安然。民间这等自在安然之人,其实不少。我每回和他们聊天,常在不经意中多得教益。

邱家的鸡是自养自售。他们住山上,先生负责饲鸡,每天砍草,喂草。上回我见了邱先生一面,果然质朴。邱太太说,丈夫在山上伺候鸡只的这些活儿,比起她杀鸡和卖鸡,真是累多了。

夏天时,她的鸡摊也兼卖菠萝。邱家的菠萝很特别,产出期甚短,块头明显偏小,价钱似乎偏贵,生意却明显比别人好。盖合乎时令、不用生长激素,且又有鲜活之气。每到盛夏,我家的小朋友都期待炒菠萝。我的菠萝炒法,一向简单,小孩之所以满心期待,其实是因为邱太太的菠萝好。

邱家更好的，是鸡蛋。他们家是放山鸡，蛋时有时无，一旦气候极端，母鸡便不下蛋。这蛋平时不卖，只帮三五熟识者刻意准备。那蛋结实，张力特大，蛋黄的色泽鲜丽，是橙红色。而且，蛋有大有小，十分悬殊。最小的，近于鹌鹑蛋；大的，常有双蛋黄；更大的，甚至有三个蛋黄。有时瞅见了特大的蛋，我便召唤小朋友过来围观，轻轻一打，遂见浑浑圆圆三颗颤巍巍的蛋黄，他们仨顿时睁大了眼，眼珠子也浑浑圆圆，异口同声："哇！"

邱太太知我内人吃蛋奶素，不吃肉，不吃鱼，鸡蛋乃少量的蛋白质来源，因此，她常替我们家特别留心，有时还主动打电话，告知已拣选了一篮子鸡蛋等候。同样的，我有个学生家长赖太太，对外头的肉制品难以放心，于是，特意帮我三个小孩自制了肉脯。又同样的，我有个老邻居陈太太，每回送来她家栽种的大把青菜，既有机，又漂亮，我每回抱着，总忍不住心生佩服，同时又欢喜赞叹。

就这样，我家里的早餐，或鱼或肉，或菜或蔬，除了食物鲜活之外，还多了些近邻旧识的温情与厚意。于是，如此朝食，若说真可养人、真可沁入三个小朋友的心脾，又岂止那水滚气蒸的一粥一饭？

【后语】

我家天天吃米，量颇大。我常自嘲，我们全家都是"饭桶"。上回，与熟识的自助餐老板娘聊天，问起家里买的米是几公斤装，我才回答，她好惊讶："哇！和我们店里一样哪！"

早餐的稀饭，通常我会多煮一些。下午四点多钟，小孩放学回来，常嚷饿，我便将早上的稀饭热上一热，他们再加上奶粉，搅拌过后，薛朴会一边吃着一边啧啧言道："真是人间美味！"

他们仨零食吃得不多，偶尔吃个最寻常的苏打饼干，还常常会颇感兴奋。也由于零食吃得少，因此胃口都算不错，大姐以婕和小弟阿朴尤其如此。吃饭时，他二人最常出现的评语是："好好吃喔！"

我夫妇没带他们仨吃过麦当劳之类的快餐，即使平常的炸鸡或盐酥鸡，也几乎没有。相较于同龄儿童，他们的身材有些瘦小，因此，阿嬷经常担心，甚至会叨念。我总说，他们一则遗传我夫妻俩，本来块头就不大，二则不吃含大量生长激素的肉类油炸品，因此，他们没啥虚胖。老实说，不是他们太瘦小，而是时下有些小孩过度生长了，他们才是正常的。

笑忘《三国》

　　我从小记性差，很羡慕博闻强记之人。懂事后，尤其耿耿于自己背书能力之拙劣。十几年前，渐渐不以为意，若说完全释怀，则是这些年。

　　记性差就记性差，不难过，不懊恼。犹如见到这些年迅速增添的白发一般。噢！白发又多了。

　　那是四十年前，傍晚总在空旷的滨海公路上，迎风骑着单车，远处有海天一色，残阳似酒，但绚烂艳丽，更胜于酒。当时我念初中，踏着一路夕阳余晖，晚上在闻得到海风咸味的教室里自习。有一回，班主任黄贵琴先生发了篇短文，要大家背，背完径可放学回家。于是，从晚上九点二十分开始，同学一个个离开教室；我只埋着头，死命地背。隔好一阵子，桌椅挪动的声音渐稀渐疏，终至于无。里里外外，万籁俱寂，唯有凉沁的夜气，从窗外缓缓而入。我一抬头，除了班主任，已阒然无人，再看时钟，十点半了。我低下头去，有些惶恐，有些内疚，只好再继续猛背。隔了一会儿，黄先生显得既无奈，又同情，只好直接放我回家去了。

从小这记性就差，近四十岁时，更甚更烈，以至于后来每回讲座，听众提问，总得请他们千万别一口气提三个问题，因为，才听到第三个，我就忘了头一个。

也因这记性差，所以向来读书，总是只得精神，细节则一片模糊。于是我读书，总是忘了又读，读了又忘。譬如，这次我读《三国演义》。

读《三国演义》，也确实好几回了，但好笑的是，书中某些段落，后来听人提起，总还忍不住诧异，有这回事喔?! 当然，以前多少会气恼的，而今，有机会就再读吧。

此番再读，则是因为我家三个小朋友。

他们三个年幼，老大也才升小学五年级，都还需引导着看书。我这回，其实是边读边陪边引导。盖"五四"之后，读书人渐渐看轻《三国演义》这种旧小说，总觉得一来虚构太多，背离史实；二来计谋权诈过甚；三来不太有"艺术价值"。这既不"真"，又不"善"，也不"美"，于是，尽管民间传颂不辍，知识分子却不甚重视。我以前念历史系时，这种"五四"包袱亦深，老觉得此等书籍，反正就是下里巴人；同学闲聊，也不谈这个的。

直至十几年前，我才又重新读出《三国演义》的真分量。尤其稍经世事，娶妻生子之后，更是觉得此书之雄阔辽远，已非窄隘的价值范畴所能局限。而让小孩熟悉"三国"故事，让这班英雄豪杰伴随他们成长，对性情之陶冶、胸襟气度之开展，不仅重要，甚至可能比所谓的读经，更能深见其效。

此番再读，也因为电视剧《新三国演义》。那年暑日，行经北京数日，旅馆中，我分别看了《新红楼梦》与《新三国演义》。前者瞧了十分钟，难以卒"睹"，从此不萦心怀。后者则看了两个片段，印象挺好。返台后，向一位朋友提起，隔阵子，他就送了我一套九十五集的《新三国演义》光盘。

数月之前，我重读《三国演义》，再偕妻小，一家五口，正式开锣观戏。这头一集便讲曹操，那神采照人，霎时我就决定看下去。而后，刘备之喜怒不形于色，真是了得。接下来，一个个风流人物，纷纷登场，于是一集一集，便看了大半。整体感觉是，小毛病不少，但瑕不掩瑜。几位要角，几处关键，都颇能去形存神，刻画得极有真实感。

譬如，关于华容道的剧集，看完就不禁击节赞赏。早先读《三国演义》，总觉得这段故事别扭，作者为夸大关羽之义气，铺陈转折，多有勉强，而京剧之《华容道》，只是观其做工、听其唱腔罢了，就人物而言，较诸《三国演义》，脸谱化尤甚。戏里就是一张大红脸对上一个大白脸，关羽一脸俨然，毫无表情，曹操一味求饶，成何体统？故事既不合情，又不入理。

《新三国》却好。孔明放眼赤壁战后，要在曹、孙两强之间，取得一席之地，故而先擒后纵，让曹操龙归大海，北返中原。放曹关键之华容道，就特意由曹操对之有恩且情深义重、名满天下的关羽担纲。如此一来，放曹之事便水到渠成，不着痕迹。华容道一折，《新三国》里的曹操，有虚有实，固是虚情假意，亦有真情实意。情义之外，尤其展现了王者般的胸襟气魄，这使得关羽在原有的恩义压力之外，更容易被曹操慑服。

鲁肃也精彩。《三国演义》因过度以蜀汉为中心，结果，丑化了曹魏，也淡化了孙吴。孙吴这方，始终语焉不详，面目模糊，看了半天，曾不知这帮人凭何雄峙东南数十载？书中以及后来京剧里的鲁肃，更是忠厚过度，颇具呆气，曾不知又凭何在周瑜之后统领孙营全军？《新三国》却不同，剧中孙坚父子三人，英姿勃发，神气逼人，个个都是狠角色。鲁肃尤其大智若愚，一身静气，其深沉不动，正足以应对瞬息万变之军机大任。

于是，我一边看着《新三国》，一边读着《三国演义》。这回再读，多处都有初逢乍见的新鲜感。同时，我手边还摆着陈寿的《三国志》与司马光的《资治通鉴》，不时穿插着看。如此交错阅读,当然不全是为了辨清史实。史实云云,非我所长,自有学院之学者操心,毋庸忧烦。我真正关心的,其实是这故事好坏。于我而言,好坏高于真假。不管是《新三国》,还是《三国演义》,编得深刻动人而又入情合理,远比吻合史实重要。真在意史实,径读史书可矣。

历史上有许多故事,明明是假,却是极好,譬如《白蛇传》。田汉改编后的京剧《白蛇传》尤其好,特别是《游湖借伞》与《断桥》两折,声情茂,词情佳,情深意切哪!前折的风光旖旎,后折的荡气回肠,都令人思之不尽,若加上杜近芳既亮烈又迷离的嗓音,那就是今之绝唱了!

我年纪稍长,渐能明白,世间表象之真假,并不重要,后头的情意,才更打紧。有多少的假话,其实深藏着拳拳真意。白娘娘起初隐瞒许官人,却依然是一片真心。《三国演义》与史实多有背离,但其人物风流,还是歆动了无数中国人。至于《新三国》,许多细节不合考证,也经不起推敲,但其中之大气深刻,却仍可珍视。

中国文明对于有无虚实,别有妙悟。因此,中国的绘画,早就不执着于表象之写实,如苏东坡说的"论图以形似,见与儿童邻"。同样的,这些年来,我读书观人,也渐渐学会了得鱼忘筌,存神忘形。一如年少背书的那个夜里，究竟我背了哪篇文章，现在已毫无印象，但是，那窗外沁入之凉气与阒然之夜气，在多少年后的今日，仍心有好感。这些年来，我记忆更坏，但看人观事，却也更有朝阳初起般的明亮感。塞翁失马，焉知非福。或许，正因易忘，今天我才多了些清宁，也多了份自在。记性差，就让它记性差吧。

或许，正因易忘，今天我才多了些清宁，也多了份自在。

敬字亭之教

　　前阵子，我在屏东县文化局讲座，谈"台湾书法困境的文化观察"时，提到上海《东方早报》有则消息，上海社会科学院调查申城一地之人文素养，结果，以"90后"市民为最高。我笑着对听众说，要不，请台湾的"中研院"也做个类似调查，如何？

　　这当然是戏言。因为，不待调查，结果便已昭然。若论台湾的人文素养，几乎就是随年龄而递减。四十岁左右的人出现了一波陡降。盖因他们受教育时，台湾进入了李登辉时代，已完全资本主义化，从此，台湾逐年庸俗化，更逐年物化。于是，年甚一年，至于人文素养，当然已无关紧要。

　　人文素养的逐年递减，固然可伤，但是，台湾文化底蕴之流失，才更令人浩叹。人文素养关乎学识，或可量化，或可调查比较，但文化底蕴不然，那是整体文化环境熏染而成，如根深，如柢固，与学识几乎无关。台湾的文化底蕴，本遍布在民间各地，若论其中之最，可推客家老妪。

客家人保守，重礼数，讲规矩，老太太尤其如此。她们总是一身静气，许多年来，排山倒海的欧风美雨，浮躁难歇的物欲狂潮，对这些老太太似乎都没有影响。你若到台湾的客家庄去看，其勤劳俭朴，其恪遵礼仪，还有最紧要的祭祀不辍，如同千百年来华夏民族的寻常光阴，一样有着悠悠人世，一样有着礼乐风景。这一个个老妪，看似顽固，其实只是理所当然地珍视自家传统。她们厚土深培，植根于古老传统，相较于两岸纠结的读书人，这些老妪底气十足，清朗健旺。

台湾的客家庄甚多，美浓尤其有名。美浓向来文风鼎盛，极重教育，博士比例极高，校长又特多。此外，他们的传统底蕴，最是深厚。那年暑日，我去了一趟美浓，将入市区，见到有个小小的六角建筑，标示三级古迹，名曰敬字亭。

闽南聚落也偶有敬字亭，但远远不及美浓普遍。以前美浓人礼敬文字，自幼教导小孩，但凡有字之纸，不可胡乱丢弃，亦不可任意焚毁，必集中于敬字亭，待礼拜仓颉或文昌帝君之后，方可焚烧。

这样子的礼敬，随着今日印刷品之泛滥，当然已极其

美浓人礼敬文字，处处有敬字亭。

邈远，但在美浓，还是偶有老妪告诫，有字的纸，别坐！

他们对文字的虔敬，让我想起了《淮南子》所说的"昔者仓颉作书，而天雨粟，鬼夜哭"。这"天雨粟，鬼夜哭"，是真是假，其实无关宏旨，关键是，对于文字的创造，我们的祖先确实有着极深刻之记忆。发明文字，何等大事！遥想当时，他们既无限欢喜，又不胜惊骇；既期待憧憬，又戒慎恐惧。他们明白，水能载舟，亦可覆舟，文字固然可让世界光彩纷呈，也可使世界光怪陆离，更可以让世界从此错乱崩解。

文字肇始，祸福未定。我们的祖先不敢有现代人因信息爆炸带来的沾沾自喜，也不敢因讯息流通而亢奋狂躁。他们只是无有轻佻，只是感得了成毁之机，因此，诚惶诚恐，虔敬以对。有此虔敬，才可吉祥止止，中国文明方能绵亘长远、历久弥新。然而，这种虔敬在百年来中国文字一波波的劫难之后，早已杳然。劫难之一，是将文字过度简化，一定程度上破坏了造字原则，失去了整体意义系统，破坏了文字的神圣性和庄严性。劫难之二，是两岸的白话文运动都走入了极端，过度贬抑古文，弃文言传统于不顾，尚俗非雅。即使文化人，即使学者，也常用字草率，遣词无度。台湾原本较好，但这二十年来也过度尚俗非雅，也过度夸大了"台味"，原本淳厚典雅的文字优势，从此遂告流失。

从仓颉到《淮南子》，从《淮南子》再到美浓的敬字亭，数千年来，中国文明对文字根柢之虔敬，散入千门万户，渗进庶民百姓，遂孕育出一代代清和之人。即使不识字，即使无甚人文素养，也能有美浓老妪那般深厚之文化底蕴。有虔敬，方有底蕴；有虔敬，中国文明方能新生再造。而今，中国文明初初复兴，少数有志之士，已挣脱昔日之粗暴文字，重拾对文字也是对文化最根柢之敬意。他们明白，与其成日忧国忧民，与其整天空谈民族前途，还不如踏踏实实从眼前做起，那么，就先从恢复中国文字该有的清净与庄严做起吧！

【后语】

　　这篇文章在《时代周报》专栏发表后，欷动了一些大陆朋友。有人特别去找了敬字亭的纪录片，张贴在网上流通。我的《人间随喜》一书的责任编辑更因为这篇文章，借台北国际书展来台时，专程去了一趟美浓，看敬字亭，也看当地人祭祀"伯公"（即"土地公"），更感受了美浓人的人情温厚。她返回北京之后，仍对美浓念念不忘。

法隆寺的黄土墙

高雄山，位于日本京都西北，岭秀林茂，清流激湍。山中的神护寺，闻名遐迩。当年空海入唐求法，回返东瀛后，创真言宗，世称弘法大师，就曾驻锡于此。除弘法大师这因缘，每年深秋时节，神护寺的满山枫红，更是绝代风华。

一次，我随业师林谷芳先生来到京都，自然也参拜神护寺。上山途中，游人熙熙攘攘、络绎不绝，参拜者扶老携幼，既朝山，也"朝枫"。枫红正盛时，且开放夜间参拜。据云，京都市民下班后，多纷纷而至，夜里反更游人如织。游人虽多，却鲜有喧哗，不显嘈杂，因此，山林灯火处，有种从谷之繁华。山阶道旁，另有饮食小铺。小铺坐落在枫红掩映中，店家铺着红毯，食客则趺坐其上。若再拾级而上，俯瞰山下，但见参差枫叶里有一个个端坐之人。于是，饮食这等寻常之事，也可尽成

每年深秋时节，神护寺的满山枫红，更是绝代风华。

风流。

日本人这种唐风晋韵，当然不仅见于神护寺。稍早一日，我们也参拜了法隆寺。法隆寺在奈良，因最古的木造建筑群而声闻世界，又以圣德太子的特殊因缘而名震东瀛。寺里"国宝"甚多，"重要文化财"数量庞大。但是，我看到的还不只这些。

我注意到法隆寺的执事者，多半年长，甚至耄耋。他们穿着一式之衣裳，藏青色，非僧服，却如僧服般清简。他们与一般所谓的工作人员，甚不相侔，若径呼为服务员，则更不宜。因为，在他们的脸上有种清严。这清严，非寻常工作人员之所能有；这清严，无相当之文化底蕴亦不能有。换言之，这些老者的清严面貌，与法隆寺的庄严形象，不仅相称，甚至还有着一体之感。我看着这些老者，觉得是这古刹的一道风景。

日本的好东西，都会有个"清"字。日本茶道讲究"和敬清寂"，山川一向水木清华，庭园也多素净清雅，至于日本女子之清丽，则更独绝。法隆寺除了执事者之端正清严，即使是西院伽蓝到东院伽蓝步道上贩售小纪念品的老妪，我抬头一望，竟也一脸清和。一般摊贩常有躁气；等而下之者，甚至有寒乞相。法隆寺的老妪，却是不然。她看到游客，会招呼，但不招揽。招呼游客，完全就是止于礼。她以日本女子特有的清亮音节招呼，容貌安详，语调平和。招呼后，不管游客是否理会，她兀自寂然，一脸静气。这一脸静气，真是庄子所说的吉祥止止。

　　这静气，更可见于法隆寺的黄土墙。法隆寺从南大门进入，两侧墙垣，延伸至东院伽蓝，均以黄土夯成。黄土墙素朴大气，但不觉单调；沉静安稳，却不显黯然。其色泽，明明是黄土，却有着新洗般之洁净。初初一看，

法隆寺的黄土墙，自有一份沉静与大气。

与北京的老胡同和华北大地的黄土墙，截然不同。这黄土墙，并不刻意求新，但因静气，故而即使斑驳，也丝毫不显破败，反倒更觉寂然，一如举世闻名的龙安寺枯山水的斑驳墙堵，真是不生不灭，不垢不净。林谷芳先生每回至此，总驻足良久。尤其黄昏时刻，夕阳余晖中，每每觉得，他所心仪的唐代长安城内院落间的一道道黄土墙，似乎俱在现前。多少年来，中国人因刨尽自家根土，文化底蕴大失，性情大变。尤其一些读书人，或躁或郁，或愤或戾，总之，离晋人风流、离唐人气度、离那沉静清和，均甚迢远。

面对日本，中国常说"礼失求诸野"。此话虽然不错，却忽略了"礼"的后头，还有着更根柢也更紧要之性情。这性情，正是孔子强调的那个"乐"字。"礼乐""礼乐"，其实，"乐"在"礼"先。有了好性情，才可保证"礼"不流于形式，也不僵化成礼教杀人。千百年来，正因性情之沉静与清和，故而日本自中土传入礼教，至今仍可清新完好。而今，对于中国文化，日本保持的礼教形式，固可借镜，留存的建筑文物，也诚可惊叹，但是，那生命中晋唐般的风流气度，才更该让我们萦绕胸怀！

【后语】

因为第二次世界大战的历史问题，也因为战后国际政治的角力，中国与日本的关系偶有紧张。但是，这些年来，自从开放赴日观光后，民众但凡去过京都、奈良，但凡见到了真正的传统日本，印象大都会有改观，尤其2011年福岛核泄漏后，日本人根柢的沉静，确让不少国人为之惊愕动容。

换言之，以前日本曾经那么富有，科技那么先进，却未曾让人真正尊敬过。同样的，面对大陆的崛起，台湾原先令大陆艳羡的经济优势早已不再，那么，台湾尚有令人敬重的中华文化传统优势，但对于目前的教育，还有几分把握呢？

"乐"

前阵子，我到台北书院讲座。书院坐落于台北市市定古迹中山堂三楼。书院强调立命之学，除了儒释道三家并举，尤其着重道艺交参。开设有"中国文人画""中国诗学""书艺中的生命意味""花艺与茶艺"等实作课程，并不时举行雅集。雅集强调六根互通，以"忘乐小集"为主体，让听觉之器乐或兼有视觉之戏曲，与书画，与各种品性的茶相互对应，名曰"茶与乐的对话"。

台北书院的空间疏朗，讲堂极佳，在讲堂授课，才开口，便觉神清气爽。两个小时讲座过后，依然神清气爽。书院另设茶坊，同样清雅简静，气场甚好，据云，可以久坐不累。整个书院空间，除了气定神闲之外，另有一份文化积淀之大气。

讲座当天，我谈孔子。特别提起，"礼"不只是形式规范，更是万民不自知之修行法门。讲罢，有听者请闻

台北书院的空间疏朗，讲堂极佳；在讲堂授课，才开口，便觉神清气爽。

"礼乐"之"乐"字。我笑答，"乐"字难言。

《论语》全书，孔子言必称"礼乐"，孔子的政治，是"礼乐"政治；孔子的教育，其实也是"礼乐"二字。但是，宋儒之后，读书人渐渐不知"乐"，这不知"乐"，后来愈演愈烈，如今更甚。不信，你且听听学者专家言"乐"，恐怕只会越听越糊涂。正因与"乐"渐行渐远，读书人的性情，遂日失其正；民族之气运，遂逐年陵夷。

"礼乐"分而言之，"礼"是形式，"乐"是性情；"礼"

是色，"乐"是空。"乐"，遍在于中国文明之一切造型，当然不只是音乐。

"乐"，一是悦乐之情，二是兴发之气。首先，不能有苦相，不能一脸紧绷，是《论语》首篇强调的"不亦说乎"，是心生悦乐，故曰，"乐"者乐也。其次，不能有纠结，不能满脸浊气，是《乐记》所说的"乐者大始"，神清气爽，时时归零，仿佛有个天地之始。因此，"乐"者兴也。

现今两岸，均离此甚远。中国的主流读书人，承宋儒遗绪，太过严肃，极度紧绷，谈事论理，动辄慷慨激昂，气愤难平，他们以天下为己任，却总缺少了冲和之气，故难有悦乐。至于台湾，上承晚明文人，旁及小资情调，因此，宴安放逸，美食玩乐，早已大行其道。另则耽溺情欲，穷究人性幽微，也蔚然成风。最终的结果，常常是玩物丧志，难掩苍白，他们的生命深处，多有一股沉沉暮气。

"乐"是没有暮气。中国的八音（金、石、丝、竹、匏、土、革、木）中，丝、竹最容易感人心腑，也最日常，但若论特色，则在金、革之列的钟、鼓。尤其是钟，乃国之重器，但凡仪式大典，必不可少。钟唯一音，讲究一音之深宏悠远。佛教中国化之后，多纳礼乐文明之精髓，百年以来，神州大地，黄钟毁弃，瓦釜雷鸣，礼既崩，乐更坏，唯有那佛寺，尚多少可见典型。

有时我清晨四点多起身，能闻得远处佛寺之钟声。听那钟声，平正和穆，又最清扬，满是朝气。中国古代，从朝廷宫城到大小县城，乃至山林深处之出家佛寺，都是天刚拂晓便钟声清扬。即使贵如天子，也需清晨五点便准时上朝。于是，我才明白，中国的礼乐文明，首先就是要有这清扬朝气。

当代许多音乐，却是不然。音乐情绪满布，欲望高涨，可让人亢奋，可供人发泄，却很难令人悦乐，更无法使人兴起。纵使喧哗热闹，却掩不住空虚疲惫，最后反落得一身暮气。那是徒有声响，可惜无"乐"。

中国最好的事物，必定是"乐"。《论语》中曾点言志，"风乎舞雩，咏而归"，既是咏诗，又一路有歌声，这当然是"乐"。此外，孔门怡怡熙熙的和穆之气，对应着暮春三月的莺飞草长，对应着万物和畅的欣欣生气，才是天地之大"乐"。《乐记》有言，"乐者，天地之和也"，中国诗歌之所以多山水田园，中国文人画之所以山水无尽，其实都着眼于天地之和，更聚焦于天地之大"乐"。"乐"，乃中国文明之核心。

若论诗歌，除了陶渊明与王摩诘那般平淡和畅的田园山水之外，传唱更深更广者，另有李白的逸兴遄飞。李白游于天上人间，行遍名山大川，其泱泱浩浩的一派

兴发，最是盛唐气象，更是"乐"之极致。李白之后，
则有苏轼。苏诗近散文，诗家或不以为贵，但是，苏轼
之文章诗词，都最得"乐"之极意。尤其其人，自罹祸
遇贬以来，日益冲淡，日益平和，日益兴致盎然。这兴
致盎然，使得他看人看事，俱生好意，走东走西，处处
好玩。不知者，还以为他春风得意，四处闲游，岂知他
一路贬官，一身忧患！孔子云，"造次必于是，颠沛必

中国最好的事物是"乐"，而"乐"是没有暮气。

于是"，苏轼不忘其忧、不改其乐，才是生命之真正大
"乐"。

　　"乐"是自性光明遍照世界，是身处忧患困厄也能万
象历然，皆成其好。中国文明有此"乐"字，才一次次
历灾度险，千劫如花。眼下，中国文明复兴之际，"乐"
的根本核心不可不留意。本来，中国文明之一切造型，
皆可有"乐"意。举凡音乐、诗歌、书法、绘画，乃至
寻常生活之茶事、花艺，俱可现中国文明之真性情。尽
管台北书院强调立命之学，并不特别标举"礼乐"二字，
然而，大化本无形，正当书院一派气定神闲地道艺交参之
时，那里的神清气爽，那里的疏朗大气，其实早已踏出文
化重建之第一步，更召唤了久违的那个"乐"字。

茄莛与建水

一

张翔一家人从北京来台湾，事先说了，啥景点都不想去。真想看的，只有池上我家的生活，譬如，哪儿选菜、哪儿买鸡、哪儿闲逛。后来，他一家果真哪儿都没去，就只在我们家吃吃茶，然后去市场采买、做饭，饭后散步，散步时见人也打打招呼、也聊两句。

有一天，我孩子因在家自学，必须去台东教育处做例行性的报告，张翔全家也跟着去；到了会场，只是很安静地细看着每个与会之人。除此之外，张翔夫妇很着迷池上的云山缭绕，闺女玥玥则竟日与我仨孩子厮混，四个人玩得昏天黑地，后来还四人四角、合搭了一出自编京剧。玥玥在北京读华德福学校，每星期都有京剧课；学校请专业演员到校授课，已上了将近两年，成效颇佳。

那回，看她唱《穆桂英挂帅》，可真是有模有样。

　　几天后，除夕前的一星期，按照往例，我们得回茄萣过年了。我问了张翔，他说一道，也想去南部看看。到了茄萣，我母亲很关心他们喜不喜欢餐桌上的乌鱼子（系我父亲自制），一直想让张翔多带些回北京。

　　吃过晚饭，我领着张翔夫妇在茄萣逛庙。茄萣的庙多，准确地讲，是极多。这极多的庙里，下茄萣有金銮宫，顶茄萣有赐福宫，都奉祀妈祖。我们进了庙，人不算多，但始终有人来又有人往；合了十、行了礼，我们四处走走看看；香烟袅袅中，只见张翔驻足良久、神态

顶茄萣的赐福宫。台湾大爱电视提供

俨然，静静地望着妈祖神像与偌大庙里或立或跪、或奉茶或献果、或祈愿或掷筊的叔叔与阿姨，最后，喟然叹道："北京人少了这样的信仰。"

就几天之前，我们站在海岸山脉的山脚下，望着池上山头上、山谷间变幻莫测、舒卷自如的苍狗浮云，张翔看得忽忽入神，同样是伫立许久，也同样是叹了口气："北京没有这么好看的云雾。"

二

张翔一家回北京后，过几天，大年初一一早，我又领着仨孩子去庙里拜拜。同样先去金銮宫，接着再到赐福宫。大年初一，人极多，不少移居外地的人都赶回茄苳进香；祈求平安也好，讨个吉祥也罢，总之，庙里庙外，熙熙攘攘，格外有种新春气象。上完香，我们在庙埕盘桓许久。茄苳这两间大庙的庙埕，过年期间总热闹非常，我一向不热衷于此，可这回却伫立了半晌；尤其仨孩子，更是紧盯着庙埕的舞台，久久不愿离去。你道这是为何？

原来，舞台上京胡亮响、锣鼓喧闹，都正唱着京剧呢！

我仨孩子都是戏迷，尤其这几年，对于京剧的各种掌故与细节，皆比我娴熟多矣！连小时候对京戏完全无感的二丫头允和，几年熏习下来，竟然也天天边洗碗、边哼着京剧唱段；倘使不让唱，还好似憋屈了她。大姊以婕则连续三年看完国光剧团的台东公演，都写篇心得，登载于国光剧团的刊物上。至于小儿薛朴，以其五音不全的嗓子，更是走到哪、唱到哪；食养山房、台北书院此等常去之处且不言，前年在北京，整整十天，几乎天天和我辛庄师范的学生唱成一团。

去年年底，我在南京审计大学客座中国文化讲席，有次周末，南京友人办了场京昆票友的曲会；席间京胡，乃江苏省京剧院的国家一级琴师周义刚；薛朴年幼，是只没见过老虎的犊子，不知天高地厚，哪管操琴的琴师乃何许人也。因此，但见他大咧咧地，高声就唱了起来；

琴师周义刚先生与薛朴在一起合作京剧。

周先生一来惊奇，二来也觉得好玩，于是便越拉越有兴头，薛朴也越唱越起劲。后来歇息，周先生言道，薛朴是他伴奏的第二个台湾人；上一个台湾人，是原籍江苏盐城、现今九十多岁的郝柏村先生。薛朴当然不知郝先生是谁，听罢，只是一径地傻乎乎笑着。

可这回，薛朴一改傻乎乎的本色，在金銮宫庙埕听着台上茄萣国剧社唱《甘露寺》乔玄唱段时，一边听着，一边哼着，哼着哼着，后来有那么一会儿，竟然充起内行、一脸严肃地望着台上说道："他的音不准！"

三

一元复始，万象更新；新春第一天的早上，茄萣最具规模的两间大庙，都不约而同地在庙埕上唱奏京剧，以叩谢神恩，此事看似奇特，实则大有来由。

话说，台湾不管顶港还是下港，只要大庙，多设有轩社。庙宇有庆典仪式，不论敬天抑或谢神，但凡是祭，必伴以音乐；所谓轩社，就是重大庆典时负责唱奏的常设乐馆。不同于平日庙会各种节目的妍媸互见、参差难齐，在这种最虔敬的谢神之时，轩社音乐讲究个雅正，也讲究个兼得中国文化的南北之美，因此，乐馆一是南管系统，另一则是北管系统。南管悠扬婉转，北管嘹亮昂扬。其中，南管又分"御前清客"（俗称"洞馆"）与"天子门生"（俗称"品馆"），北管则有"福禄派"（俗称"旧路馆"）与"西皮派"（俗称"新路馆"）。北管的"西皮派"，就已经很接近大家所说的京剧。

换句话说，台湾的庙宇但具规模，通常都设有南、北四馆，也几乎都唱奏着京剧。可惜，自从台湾"去中国化"以来，本土文化随之逐年空洞化，（毕竟，中国文化是台湾本土文化的最大宗；去除了中国文化，本土文化自然成无根之木、无源之水，焉能不空洞化？）于是，庙宇轩社式微，而今还南、北管兼备的，已然不多；能四馆俱齐的，更是寥寥无几。

在这寥寥无几之中，茄萣是个异数。现今下茄萣的金銮宫犹然四馆齐备，顶茄萣的赐福宫也依旧四馆完好。每逢节庆祭典，茄萣始终都还清晰可闻南管之悠扬与北管之嘹亮。我家隔壁的宝柱叔叔，就负责着金銮宫"御前清客"的"振南社"；这次大年初一的下午，"振南社"到庙埕唱奏，我母亲还领着我两个女儿一道提举仪仗；回家提起，她们俩可高兴呢！

茄萣是个渔村，民风向来彪悍；可骨子里，却另有一种敦厚与平正。这敦厚与平正，既来自自古以来民间的文化积淀，也来自岁岁年年庙宇的礼乐熏陶。中国历史上的朝廷首务，一向是设礼乐以成教化；台湾庙宇的

金銮宫振南社的演出。台湾大爱电视提供

馨香袅袅、弦歌不辍，正是这种古风的于今犹存。有此
庙宇、有此古风，台湾民间才有一代代明亮端正的子孙；
有此庙宇、有此古风，也才有今天世人所常说的：台湾
民风淳厚。

四

八天后，大年初九，也就是民间所说的"天公生"；
这一天，天才拂晓，我从池上出门，辗转再三，一路逶
迤，深夜总算到了石家庄。我在石家庄讲课，连续五天，

上午上《论语》《史记》，下午上戏曲。学校的创办人黄育苗每天盘腿坐第一排听课（那几天的座位很有意思：第二排以后的老师、家长都坐板凳，可第一排却没板凳，也没椅子，只见校长、园长、创办人一个个盘腿坐着听课，这一盘，就盘了五天），刚开始时，以为只是我个人喜欢，所以下午才排了《戏曲名段的生命意味》。等上完四天，她越来越进入状态，却也越想越不对劲，而后，忽地搞明白了：原来，戏曲乃如此紧要之格物大事！难怪，要排这课！

育苗恍然明白之后，顺势，我也跟大家说了一说：以前许多人一辈子没读过书，可整体的生命状态，却比受了一二十年"教育"的我们常常有过之而无不及。何以至此？不正因为从小他们成长在庙宇、祠堂、祭祀与戏曲熏陶中吗？换句话说，中国人只要活在这礼乐风景之下，几乎就能确立生命的根本；至于读不读书、读啥书、到底咋读，其实，都已是后话了！

话一讲完，下午开始看戏曲——京剧《四郎探母》。才看片响，同样盘腿坐第一排的某位园长就开始频频拭泪；我留了意，有些诧异，却没太多理会。到最后，我让大家也说说话。这园长率先起身，说自己十二岁之前，一直在农村生活；十二岁之前，也一直受益于庙宇、祠堂、祭祀与戏曲的熏陶；尤其她所在的河北乡下，当地人特别喜欢杨家将的故事，刚刚一听《四郎探母》，不禁勾起记忆，觉得既熟悉又欢喜，忍不住，就激动了起来。

说罢，她又言道："幼时能在那样的环境中长大，何其有幸呀！"

五

是呀，何其有幸！

我看了一下这园长，四十岁不到吧！换句话说，二十世纪九十年代初期，她所住的河北乡下其实依旧是庙宇与祠堂，也依旧是祭祀与戏曲，这怎么跟以前我概念中整个华北在"文革"过后似乎啥都被破坏殆尽、啥都没有了的景象如此迥然有别呢？

是的，走了越多的地方，就越清楚以前概念的无效；走了越多的地方，也越清楚中国文化的根深柢固与难以撼动。现今，常常只是讲了几天的课，底下竟有人像失迷路途许久忽地又载欣载奔找回了家；甚至，有时不过一下午的京剧课，竟然有人也如梦方醒、恍然明白：原来，戏曲是那么好看、那么的了不起！他们如此强烈的反应，不恰恰证明骨子里的中国文化基因有多么强大、有多么根深蒂固吗？

这且不言。上回我的学生鹏遥从重庆来台参访，后来也到台北书院听课，课堂间，我提起民间的"安太岁"，遂问有谁曾经"安"过？我见鹏遥也举了手，诧异问道，你们不是无神论嘛？怎么也"安"起"太岁"了呢？但见她理直气壮地说道："我们在重庆，可是年年去道观恭恭敬敬地该请神就请神、该'安太岁'就'安太岁'呢！"

是呀！这就好比茄萣，茄萣位于台南、高雄交界，是所谓的政治"深绿"区，可这么一个"深绿"地区，不论"去中国化"多么的如火如荼，茄萣人依旧年年弦歌不辍，中国礼乐文明的古风犹存。上次，我父母亲随同茄萣的薛氏宗亲会回到福建漳州长泰县山重村的薛氏祖庙祭祖，山重的宗亲除了准备忒长的鞭炮之外，更是一路动乐相迎，唢呐声尤其响彻云霄。我两个女儿也跟着去，除了照顾中风的爷爷之外，也让她们亲眼看到什么叫"古风犹存"！

六

真要说古风犹存，桃竹苗地区客家人每年动辄整家族上千人的清明扫墓，我读了报道，总是佩服再三；而数年前，我在金门看了琼林黄氏家庙的春祭，也算大开眼界；直至我又闻知云南建水的扫墓风俗，那才真该是：

"礼失求诸野。"

　　建水位于昆明东南方，距昆明二百多公里，建水再往南二百多公里，就到了越南。这座地处偏远的古城，保存大致良好，城内还有座全中国第二大、仅次于山东曲阜的孔庙。去年，我去了三趟建水，其中两趟，张翔也从北京一道过来。张翔喜欢池上，喜欢茄莚，也喜欢建水。建水的动人，不在于是座古城，而在于古城里的人与这座古城有种协调与统一。换言之，建水的好，在于人；建水的人，多古风。

云南建水的闲庭。蒋晨明摄

有古风的地方，多半祭祀不断；建水人重视祭祀，清明扫墓尤其盛重。那一回，建水文庙的主任本想陪我听听当地的洞经音乐，可临时又来不了，原因就是要家族扫墓。对建水人而言，扫墓乃天大之事；其他任何事，几乎都得退居一旁。建水人这心态特别好。上坟时，建水人基本一整家族出动；祭品不是拎着走，而是挑着去，因为，食物极多。上坟后，摆了祭品，焚了香，磕了头，男女老少就四处坐下，开始野餐，有人还一旁放风筝呢！这顿饭，整整得吃上一两个小时。如此扫墓，至少得花上半天，看似繁复，也颇折腾人，但细细想来，却大有意思。

大家知道，全世界每年最大的人口移动，就是除夕前几天。每当年关将届，不计其数的华人就开始不远千里，匆忙赶路，尤其大陆高铁未兴起之前，为了回趟老家，那挤火车之狼狈与不堪，到底所为何来？不就是为了"团圆"吗？而所谓"团圆"，说得最实际也最形而下，不就是全家人吃一顿名之曰年夜饭的丰馔盛宴吗？对中国人而言，亲人一块吃顿团圆饭，是一年中的头等大事。建水人的扫墓，本质上也就是与先人再吃顿"团圆"饭。祖先生前，咱们除夕夜吃；而今去世了，则是清明一道吃。虽然节日有异、阴阳有隔，可"团圆"依旧，亲人也永远是亲人。

七

　　是的，"团圆"依旧，亲人也永远是亲人。我在建水这样的扫墓习俗中，清楚地看到了建水人一张张敦厚平正的脸。我去了建水，每每都会想起茹茭。在建水古建筑与一张张建水人的脸之间左顾右盼时，我也会若有似无地遐想着茹茭的庙宇与中国礼乐文明的古风犹存。突然间，我觉得很心安。回想年轻以来为了中华文化沦丧的种种忧心忡忡，我望了望建水老宅子檐顶上的湛湛青天，伫立了片晌，不禁莞尔。

在建水游学的日子。韩正文摄

篇三　明白之教

何谓文明？

一日，有客问："何谓文明？"

答曰："文明是路上有景致，人家有笑语。"

我这回答，真半点不"学术"，当然，也似乎不切题！

但是，我犹记得，以前有禅宗和尚答问，更不切题。

一回，慧超问法眼和尚："如何是佛？"法眼答："汝是慧超。"

另有一回，僧问大龙："色身败坏，如何是坚固法身？"大龙回答："山花开似锦，涧水湛如蓝。"

类似的禅门问答，真是不胜枚举。禅宗和尚的看似不切题，其实比谁都切题。中国传统文化，儒释道三家一向并举，晚唐之后，禅宗在佛门里一枝独秀。若论生命之鲜活，临事之应机，它最属丰姿卓异、独领风骚。禅宗的大本领，就是让人回到生命原点，把人拉回最真切处，既不歧出，也不啰唆，更不空言，于是，永绝戏论。

　　"如何是佛?"虽说问得好，但"汝是慧超"，才是当下之真实。"坚固法身"自然也可以问，但"山花开似锦，涧水湛如蓝"则是回过身来，谛观最亲切、最近前之实境。禅门巨匠是随时提醒着你，什么才是最真切。

　　那回我因出版《孔子随喜》，遂有北京之行，与一位年轻朋友见了面。对之，我期待甚深，觉得是个有志气、

"山花开似锦，涧水湛如蓝"，回过身来，谛观最亲切最近前之实境。

肯用功的人。但聊了天，也和他出了门，一趟下来，却只见他不论识与不识，对人均颇淡漠，也少有言笑，沿路的街景风情，更几乎不闻不问。路人不看，市招不望，连北京四月的夺人新绿，嫩叶细芽，甚至满城的柳絮，也丝毫无感。那几天，北京天气出奇的好，但我走着走着，突然有些惆怅，惆怅他平日之好学深思，平日之忧国忧民，竟与北京城的蓝天爽阔、白云悠悠，已然毫无干系。

自宋儒以来，中国的读书人逐渐脱离了民间，也脱离了自然。于是，他们平日读书，早已自成一物。他们每天正心诚意、忧国忧民，却不再与万民相怡悦，也不再与万物同俯仰。结果，他们日渐酸腐，也日益空疏，遂竞相逞高骛远，于是，就出现了最极致的"为天地立心，为生民立命，为往圣继绝学，为万世开太平"四句教。

张载这名言，极高极远，乍看之下，也极为动人。但赞叹之余，再认真一想，却会发现，其实一点儿都不真切。宋儒流风所及，兼受西方学院影响，百年来的读书人，更普遍好抽象、尚高远，每每长篇大论，动辄雄辩滔滔。但是，他们对近前之事，却鲜有欣喜；于近前之物，又少有爱悦。生命如此颠倒，就难免饱受异化之苦，其念兹在兹的伟大理想，也必然一次次落空、一回回幻灭，结果干枯委顿、身心俱疲，一个个都像受尽了莫大的委屈。

当年宋儒，竟日标榜孔子，但孔子与之，却是截然不同。孔子在世时，虽然恓恓惶惶，备尝辛苦，但生活却依旧滋滋润润，多有意趣。他与当世之人，闻风相悦，即使鸟兽草木，也兴味盎然。与门人，或笑语吟吟，或呵斥怒骂，其鲜活，其明亮，最有一派风光。与时人，即使争议如南子，也能知心解意，互有体谅，遂皆可蔚为风景。其言志，"老者安之，朋友信之，少者怀之"，更是具体，更完全不标榜，半点不伟大。

这就是孔子。

如此平常，如此真切，如此直指当下，正是孔子不同于宋儒更迥异于今日读书人之处。读书做学问，本是好事，但一经异化，也尽成了坏事。

真正的文明，本是日月光华，旦复旦兮；真正的文明，必然是青天白日，无有阴郁。文明荒失既久，而今，有志于文明重建之士，当似昔日禅门巨匠，亦如孔老夫子，直指当下，重归真切。若能如此，那么，"路上有景致，人家有笑语"的文明之境，又岂真迢远？说到底，那也不过是桩近前之事罢了！

【后语】

关于今天的教育，教育专家谈了太多理论，教育部门也勾勒了过多"愿景"。与其每天高谈理论与"愿景"，大家还不如以身作则，让孩子真实体会什么是"路上有景致，人家有笑语"。当孩子看得到近前的典范与真实的例子，就什么都清楚明白了。

重建师生关系

昔日，颜回死后，为了是否厚葬，孔门师徒间曾意见出入，而后，终究是厚葬了。孔子知情，甚是感慨，言道："回也，视予犹父也，予不得视犹子也。非我也，夫二三子也。"

是否应该厚葬，个中争论，且容我按下不表。但是，读了此则，单单看其中四字，已令生活在当代之你我，不胜唏嘘。

"视予犹父"。

是的，视予犹父。大家都明白，孔、颜二人，既为师徒，亦是知己。颜回是孔子最得意的门生，更是他最爱悦的知己。正因如此，颜回视孔子如父，而孔子待颜渊犹子，原系合情合理，孰曰不宜？

然而，师生间之情谊，真叫如父如子者，又岂独孔颜二人？古往今来，这般情深意厚者，又岂能胜数？古代且不说，即使传统已然破败之今日，此等父子般之情谊，仍历历可数。

数年前春节，我陪一个老友晋谒林谷芳先生。友人游于林门，其实已然多载，但那晌，因生命颇有困顿，又因某些缘由，久久未曾拜望，故而生怯，颇犯踌躇。晋谒的前一夜，甚至还辗转难眠。那天，在老师家客厅，但见早已年过半百且事业有成的友人，板凳未尝坐满，身子微微前倾，尽管老师只是淡淡谈着，他却始终低着头，柔巽婉转，几回还红了脸，完完全全，如孺子一般，面对着他心中最敬爱的慈严之父。

林老师道深行高，当然并非一般。但是，除他之外，真让学生视之如父的老师，仍所在多有。记得，在诸多喧哗"大片"之前，张艺谋曾拍过一部小片《我的父亲母亲》。片中主角毕生执教乡间小学，去世之后，一群受业的老学生，从异地他乡纷纷赶回；为了让老师安葬故土，他们协力运送遗体，从县城到乡下，大风大雪中，接替着扶灵抬柩，疾奔快走；在风雪中一路逶迤，我看了，当下动容，眼眶几度湿润。

这样的师生情谊，两岸至今均仍可见。然而，如此深挚情谊，确实已然慢慢稀薄。此等动人例子，也逐年减少。师生间取而代之的，是震天价响的"权利义务"关系。

台湾教育败坏，人人皆知。但这些年倾颓崩解的根本原因，大家却多茫然。多年前，我自己曾在乡下教书，当时，"教育改革"尚未如火如荼，"权利关系"也不曾朗朗上口。乡野之地，天高皇帝远；师生之间，就只是一份热心与情谊，从没有什么权利与义务。面对自己的班级，就是如何引领，而非专家所谓的如何"经营"。当时，凭借着年轻的热情，视学生如子弟，常常清晨七点不到，晚上九点已过，朝勤夕劳，念念不忘，要引领他们读书与为人。而今想来，当初的热情，其实太过；如此操切太甚，也容易滋弊。但是，那时老师与学生间宛如亲人，家长对教师的全然敬重，却极可珍视。

师生间之情谊，真可如父如子者，又岂独孔颜二人？

彼时，乡下的学生家长，一如年少时代我等之父母，似乎普遍"无知"，也缺乏"公民素养"，因为，他们不懂何谓"受教权"，也不知如何伸张"自身权益"。但是，这些"无知"的家长，这些缺乏"公民素养"的学生父母，虽说无有权利观念，却最明白人情义理。他们比现在擅于伸张权益者，都更懂得对人要敬重，对人该信任。

还记得，有回我去家庭访问，远远出门相迎的，是位学生的阿嬷。七十几岁的老妪，用客语喊我"先生"。客家话的声调，素来丰富，"先生"二字，尤其音节饱满。这"先生"长、"先生"短的音声之中，全然是敬，也全然是亲。我乍然听到，心头一惊：原来我区区一个中学教员，竟也可以如此贵重。

有此贵重，所以教育是个志业；无此贵重，那么教育就只是份职业。台湾这些年之陵夷，正在于所有贵重的人、事、物，都在资本主义的催逼下，迅速贬抑。从此，黄钟毁弃，瓦釜雷鸣。于是，身肩传道授业解惑重任的教师，一变成了资料填表员与知识传播机。社会既然已无尊贵，年轻一代遂成了没有典范可资学习的茫然之人。这一个个茫然之人，从此只能憧憬企业主，只好崇拜艺人与运动明星。但是，年轻人如果只知金钱崇拜，如果只追求浮夸，那么，教育又焉能不坏？

名义上，"教学评量"可以淘汰荒怠的教师，实际上，却只让有为有守的好老师日益窘困。但凡耿直的好老师，既要求严格，分数又不苟且，自然难获学生"青睐"，于是，"评量"的结果常常使他们难堪，"评量"的效应只让他们自觉不合时宜，"评量"是对他们的"反淘汰"。

"教学评量"伊始，师生关系逆转。从此，志业杳然，师道不存；所谓教育，摇身一变，成了服务产业。于是，但见教师兢兢业业，忙着提供知识服务；学生大摇大摆，俨然真正的主顾。又于是，"主顾"动辄"呛声"，"服务者"只以"爱心"为由，行隐忍纵容之实；学生随便无礼，老师也只好以"自由"为名，来遮掩束手无策的苦痛与困窘。

这样的教育现况，让受过中国文明熏陶的你我，真是无限感慨。中国文明的主旨为"亲""敬"二字。有此二字，古今多少师徒，皆如孔颜一般，可如父，可如子。而今，教育之败坏，终归说来，是师生关系之崩解。西方传入的"权利"二字，看似时髦，也看似理所当然，但是，对"亲"与"敬"，却扼杀最尽、斫毁最深。

事实上，但凡亲近之人，都不该滥言"权利"二字，否则，情义荒失，人我两伤。本来，所谓教育，就只是师生印心；教育之要，又只是清明的师生关系。因此，要谈教育，首先便不该落入权利义务的迷障。教育若要重建，于此，当有所观照。

老师，不惑

年轻时因考试需要，我读了一些时下的教育理论，很信服。于是，随后初初执教，便一直告诫自己，要有爱心，要有耐心，别用最偷懒也最无效的方法管教学生；换言之，我一直警惕自己，千万别体罚学生。

教书的头一个月，我坚持原有"理想"，但也因这坚持，遂日日天人交战；总觉得理想与现实间，果然有着难以跨越的鸿沟。一个月后，我放弃了"理想"，开始体罚学生。只是心中忐忑，布满了罪恶感。

这样的忐忑，随着时间之流，渐行渐远。偶尔还是会纠结地自问："我屈服于现实了吗？我放弃原有'理想'了吗？理想与现实，果真难以兼顾吗？"

尽管如此，后来在我的乡居岁月里，每天看着不变的日升月落，望着流动的山光云影，天地虽无言，却分明有着"浩浩阴阳移"。从此，我这种偶尔的纠结越来越少，也越来越淡。

直至有那么一天，忽然，我全明白了。

明白啥？

明白自己可笑。

原来，我的身心紧绷，我的意念纠结，根本原因就是自己一丝一丝缠而绕之，再一圈一圈束而缚之。说到底，根本没人诳我，我却把自己搅得一脸错乱；也压根无人绑我，我却将自己困得步伐踉跄。呵呵，还怪别人呢！

李白诗句，"仰天大笑出门去"。这晌，我真弄明白了，别无余事，也只能如此呵呵一笑，两脚一跨，出门扬长而去。从此，告别了忧郁与纠结，也告别了持续多年的愤青岁月。

说起那愤青岁月，可真叫人难为情。上回，和一个老朋友吃饭，她便提起，二十几年前头次见面，对我印象极差；见过面后，还向我高中同学言道，下回莫带此人，她嘟哝着："哪有人那么愤愤不平的！"

是呀！哪有人如此愤愤不平的。呵！作为一个愤青，当时的我，满脑子公平正义，放眼望去，却是满世界的不公不义，但见处处魑魅魍魉，对此，我焉能不怒？当时的我，读书用功，思考认真，总爱用抽象概念，繁沓的西式造句，以表达自己的"深刻"理念，也常以激切的口吻，滔滔不绝地直抒忡忡之忧心。那时总认为，世人思想幼稚，观念浅薄。自负的我，总觉得，太多人被"洗脑"却从不自知。来日，我必将予以"启蒙"，必全力唤醒他们。

"洗脑"一词，遂成了当时的口头禅。但凡话不投机，"理念"不对盘，或只看不顺眼，我动辄不屑，动辄讥斥，动辄觉得对方早已被"洗脑"。对于他们，我常觉厌烦，忽又深感悲悯；有时想"启蒙"之，有时又想度化之。总之，思虑万千，无尽纠葛！

直到许多年后，我两脚一跨，出门扬长而去，久之，回望门内，又忍不住哈哈大笑。原来，若真要论"洗脑"，我自己才被"洗"得最厉害最彻底！否则，哪来那么多的纠葛，又哪来这么多的天人交战？

现在看来，很多理论，只是聊备一说罢了！但在二十多年前，"洗脑"过甚的我，因极度执着，故嗜读理论，且深信不疑，奉之皆如真理。于是，教育理论禁绝体罚，甚至将之污名化，我不仅相信，且因认真的性格，心中还形成了一道枷锁。

有此桎梏，故而一旦逾越，罪恶感便深，便自觉道德有亏；也因此，我不时要天人交战，不时要纠结抑郁，不时要觉得理想与现实有无限冲突。

当我跨出门后，回望一旁的同侪，心中不免感慨。

他们之中，有人比我更认真、执着，更坚信体罚是种罪恶。然而，后来有人因过度天人交战而发泄出来，以致出手过重，不仅伤了学生，事情闹大后还让自己无限懊恼、无尽怅惘，他不禁怀疑，这到底是怎么了？

此外，也有人满怀爱心地对待学生，即使呕心沥血，学生也常不领情，以至上课失序，甚至完全无序，面对如此不堪，他有些落寞，也不免困惑，到底是哪里出问题了？

这些认真执着之人，都活得好辛苦，他们满怀赤忱，但是，他们并不快乐。

我望着他们，一如偶尔回顾自己，难免唶叹，却从不同情，当然也无悲无悯。毕竟，这是作茧自缚，怨不得人的。自缚之关键，就是那份执拗。这执拗，虽真心，虽热情，却不知就里，没个明白。

体罚之事，其实简单。说到底，那本是不失有效、但也只能局部有效的手段之一。施教手法，万千殊异；亘古来，体罚之所以用之不辍，自有道理；但凡不滥、不甚，明其有限，可矣！今人不分青红皂白，乍然一概禁绝，甚至将之污名化，说白了，只不过是现代人的狂妄罢了！

理论可益人神思，也可让人作茧自缚。百年来，读书人殉于理论者，多矣！因理论而形容枯槁者，众矣！

禁绝体罚，对错暂不论，单就这说法让那么多的老师如此纠结不堪来看，其实这理论早已是不清不爽了。好的事物，必然清洁明亮；好的理论，也必让人神清气爽。神清气爽的老师，才是教育之根本。"师者，所以传道授业解惑也"。教师之本务，本是帮学生解除困惑；如果老师自己都一肚子的困惑，那么，还谈什么教育呢?

谈谈"零体罚"

台湾教育部门，一向禁止体罚，近几年，却才彻彻底底严禁。从此，台湾教育大坏。

以前，我曾在基层学校教书，末了的几年，不打人，也鲜少骂人；换言之，几乎零体罚。在那两三年里，实行零体罚的我，但凡走进教室，上了讲台，初初坐定，静静啜口茶，眼神再前后一扫，多半，教室就有模样了。

尽管如此，请恕我直言：薛仁明这等情状，只是特例；千千万万，别视之为通则。

原因如下。

一是我在那两三年里，修行稍稍得力，性情颇有改变，因此，观己观人，均有长进。

二是我教了十几年，对学生向来熟稔，于是，能轻易知真假，也极易辨虚实。

三是因执教甚久，故早年我凶恶之名，已有"口碑";但需稍稍吓唬，即使学生顽劣，也可以轻易慑服。

四是我既非导师，亦非训导人员；他们的处境，远比我繁复艰难得多。

正因如此，虽说我零体罚，虽说我课堂秩序极佳，但终归是个特例。这样的例子，若不能明其特殊，察其有限，若不分青红皂白，便径自延伸，使之成为通则，要求别人一律比照办理，那么，就不可能解决任何问题，反倒治丝益棼、遗祸将来。

可惜的是，这些年来，台湾的教育正是如此，不管如何政党轮替，无论更换多少"部长"，但见大小官员，致力于所谓的"教育改革"，整天忙迫，竟日辛劳。结果，"教改"十余年，只见台湾教育日益崩解，逐年沉沦，至今，犹不知伊于胡底。

崩解的关键，是他们的自我中心主义。不论是教育官员，抑或教改团体，他们热忱满怀，使命感炽烈。但是，总将少数的个案夸大成普遍现象；更将一己之经验，延伸成共同通则。

譬如，年轻时他们因为升学压力，多有苦痛，而今，便将这苦痛无尽渲染，无限延伸，再以救苦救难之姿，想方设法，亟欲缓解学生的学习压力，更不断诅咒考试制度。却不知，这样的制度，虽说辛苦，却是相当公平。数十年来，台湾多少普通家庭的子弟，正借此得以翻身。

但自教改以来，奉多元入学之名，凭借"推甄"等制度，许多权贵以其社会经济优势，让子弟占尽先机，轻易进入理想大学。然而，正由于"推甄"等制度，台湾原先极其通畅的社会流动，遂逐年停滞。

事实上，过度体罚，固不可取；恶性体罚，亦当严禁。甚至，某些特殊情性之人，也确实不宜体罚。但是，对大多数人而言，在成长的过程中，或多或少，都曾受益于长辈的适度体罚。但凡合度，不仅维系了团体该有的秩序，对于小孩的人格成长与学习要求，也是利多于弊；不仅无损于他们的身心健康，反倒增加了心灵容受度。有此容受，便不易养成自我中心思想，更不易导致性情乖戾。

同时，"教育部"在标榜"学生权益"的政策下，防师如防贼，一道道规定，急急如律令。层层规范后的教师，遂开始公务员化；凡事照标准流程，一切按既有规定行事。不论是否有裨益于学生，但求无过耳。从此，教育志业，日益杳然。大家兢兢业业，只恐招烦惹事，除此之外，不敢多有理想，更不抱过多期望。

师生关系，也从此质变。

孔子云："父为子隐，子为父隐，直在其中矣。"父子亲情，本在法治之上，更在权利义务之上。中国式的师生关系，自孔子、颜回以降，多有如父如子者。早期的台湾，有许多清寒学生，正是凭借着老师亲如子弟般的提携，终于成器。有此良风美俗，也才有台湾昔日之成就。但是，打从"教育部"开始高唱"学生权益"之后，那亲人般的师生关系便已逐渐动摇。从师生一体，慢慢变成师生对立。而今，"人本"这般鼓励举发，媒体这般趁机炒作，则是对师生关系更彻底的致命一击。

这些年来，在"人本"诸君的"努力不懈"之下，"零体罚"的目标，骎骎然几已完成。但在同时，校园秩序，已不堪闻问；师生关系，更日渐瓦解。

教育，原是为了给下一代希望，但不知，如此教改，能带给下一代的又是什么？

讲而不演

大陆说"讲座"，台湾则多半说"演讲"。

分隔既久，两岸词汇的使用，便多少有些殊异。台湾因传统底蕴略深，遣词用字，常较古雅，相较之下，多半的同义异词也常略胜一筹。

话虽如此，却时有例外，譬如，"演讲"这词儿。

"讲座"与"演讲"，外表看来，当然同一回事，但是，名既不同，意涵便有出入。孔子之所以耿耿于"正名"，正因这出入有时紧要，不得不辨析明白也。两者相较，真要正名，"讲座"其庶乎！

对此，我本习焉而不察，完全不以为意。但因前阵子的一场"演讲"，有所触动，才恍然明白。

那天，我到台湾某知名人学"演讲"。该校的一系列"演讲"活动，规划宏远，视野辽阔，其实很有特色，校方也颇为重视。

当天，校长与一级主管均出席听讲。据说，现场还到了七十个老师。面对如此阵仗，我理应讲得意兴扬扬才是，然而，那天的前半场，我却有些失焦，甚至，不瞒您说，还有点荒腔走板。

我的荒腔走板，其实是对应了底下的学生。

向来，我进行"讲座"，都是心中先存个大方向，再根据当天现场，随着听者的神情与状态，予以调整对应，渐次生发而成。因是生发而成，才可能时时鲜活。

中国的学问，皆生命之学问；生命之学问，必讲究新鲜活气。因此，中国式学问，最重视当下应缘。但凡言说，都需在具体情境下展开。于是，我们读《论语》，看诸多弟子叩问，孔子的回答，总不相同；亦因如此，我们读禅宗语录，看一群和尚机锋应对，电光石火之际，更是箭锋相拄、间不容发。

但凡言说，都该是对应关系，故而古人强调，大叩大鸣，小叩小鸣，不叩则不鸣。一场"讲座"，虽说开始之时，听者未能直接叩问，但听讲时的眉目神情，都可资另一种形式的叩问。事实上，有感有应，言说方为可能，否则，若非表演，就是自说自话。

可是，那天的"演讲"，打从主持人引言完毕，我初初走到台上，才站定，往下望去，但见一片漆黑，便知不妙。演讲厅甚大，坐了两三百人，仍觉非常稀疏；厅

"讲座"与"演讲",外表看来,当然同一回事,但是,名既不同,意涵便有出入。

内设备又好,空调既佳,且是沙发椅,坐来舒服;排排座椅处,光线幽暗,因得聚光于舞台,更聚光于台上巨大的投影幕。我初立台上,在光线的巨大反差下,突然意识到,台下座椅处,一个个都成了"观众",我立于台上,则像个"表演者"。这会儿,我果真成了"演"讲。

我一向讨厌"演"。

以前教书时,但凡"教学演示",定要正名为"教学观摩"。因为既是"演",就得套招,便要作假;看假东西,于人于己,又有何益!更重要的是,既是"演",就不可能有真实对应;若无真实对应,还谈啥教育?

当然，我知道有些专业"演讲"者，擅于取悦"观众"，长于炒热场子，甚至，即使单单面对着一排桌椅，也同样有本事讲得口沫横飞，滔滔不绝。但是，这般如补习名师或政客名嘴的本领，与优伶戏子又有何异？这样的取悦过多、迁就过甚，不正是导致今日台湾教育败坏的主因吗？

　　最惨的是，那天我站在台上，还来不及开口，便赫然发现，台下漆黑处，竟早已睡成一片。那时，正是早上十点多，许多学生来此，纯粹只是应卯。灯光既然如此幽暗，座椅又如此舒适，作息甚晚且尚未清醒的他们，便宛如置身豪华的电影院，于是，上头若"表演"生动，他们就不妨"观赏"；如若不然，他们立马便睡，闭眼即是。

　　当下，我想骂人，但又恐失礼，只好作罢。当今大学沦丧，我虽然深知，但以这学校之绝佳声誉，也落到了讲者尚未上台下面便东倒西歪的田地，我委实诧异。此刻，我只盼有个座椅，就是坐着，静静等"观赏者"一个个苏醒，再等他们一个个恢复成"听讲者"。有此分寸，正了名，然后我再开讲。

　　无奈的是，既然"演讲"，站着"演"，总比坐着"演"活动自如。而且时下"演讲"又太依赖资料，几乎必用PPT，后头偌大一个投影幕，似乎站着讲又比坐着讲来得方便。正因如此，讲桌之前，并无设座，我只能呆呆站着。然而，我若如此呆站着等人醒来，岂不成了丫鬟？又岂不成了书童？

可恼！但又确实没辙，只好就讲吧！

一开讲，既找不到对应之眼神，又见不着相应之表情，我遂像个老花眼，两眼茫茫，迟迟调不准焦距。但见幽暗中歪倒一片的学生，我试着委婉地提"醒"他们，但这委婉，终究只是"乡愿"，注定徒然。于是，我真不知对谁言说，讲着讲着，步伐沉重，以致蹒跚凌乱。孔子云："以直报怨。"台下既然这般狼藉，那么，也就只能如此了！

所幸，后头留有提问时间。既然提问，就必然有所对应，于是，我不必对着一片漆黑，继续自说自话。更要紧的是，提问时，主办单位在讲台另侧，备有一桌二椅，我与主持人各自坐定，于是，我总算回到了"讲座"。我坐着讲，且知道对谁讲，一会儿便适应了幽暗的光线，我才注意到，台下其实有些极专注且极有素养的眼神，只不过这些眼神散处四方，且年纪似乎较长。恐怕多半是学校的老师吧！

隔天，我又到另外两个学校"讲座"。一进场，便先留意有无设座，又留心台下是否明亮。然后，初初坐定，我前后熟视，左右细看。将目光扫过四座，打量过满堂学生之后，再声明说，今天若是讲得不好，休怪我状况差，其实是你们听讲态度欠佳，而且，今天我来"讲座"，并非"演讲"，因为，我不"演"。

众所周知，台湾的大学生听讲态度多半不佳。其中关键是教学评鉴制度。

学生对老师的教学评鉴乃恶制也，是以"民主"之名行毁灭教育之实的恶劣制度。台湾迷信民主，造成整个社会二十年来不断地弱智化。台湾高等教育的不堪闻问，正是这个民主迷思的恶果。此恶制一日不废，大学就只能继续向下沉沦。

一如政客时时要取媚于选民，在"校园民主"大旗下，学生既握有评鉴之权，不肖教师必起讨好之心。越是打混摸鱼的教师，为求自保，必然会对学生百般迁就、千方示好；学生一旦受宠被溺，也必然不耐"严格"之要求（其实多半只是合理的要求），结果，劣币驱逐良币，认真正直的老师反而常遭打击，有为有守的教师更显得极度不合时宜。

在这个恶劣制度的反淘汰下，黄钟毁弃、瓦釜雷鸣，"权益意识"高涨的学生，自然会日益乖张、动辄"呛声"。这时，要求学生虚心以对，要求学生保持"听讲者"的起码分寸，自然便日益艰难。但是，如果"教育"了半天，学生没这虚心，没那分寸，又何谈"教育"呢？

两岸读经

读经是对的。但，还是有些问题。

读经运动，肇始于台湾，后又影响了大陆。若论传播之速、影响之广，诚百年来文化复兴之盛事也！

声势既大，反弹便深。台湾这边的反对声浪，主要来自绿营的政治考量。除此之外，明摆着的反对者，其实不多。究其原因，系因台湾的儒家基底本来就在，民间的传统底蕴更是一向雄厚，真要推动读经，立可榫卯相合，毫无间然。

大陆这边却是不同。只见民间满头热忱，知识界却意态阑珊。主流知识分子一谈起读经多半保留，激烈反对者更大有人在。他们背负了"五四"以来的反传统包袱，对"旧社会"种种素来反感，对"读经"云云尤其憎恶。"文革"至今，虽说杳远，但在他们身上的影响，却烙印如新。

这烙印是历史的共业，若要理性说服，其实不易；真想去除，更属难上加难。

那些极力反对读经的议论，不管出自什么名家学者，也不论新闻版面有多大，总之，都不必予以过多辩驳。偶一言之，可矣！除此之外，多言无益。

为人父母者，为人师长者，着实毋庸过虑，毋庸摆荡，大可放心地教导子弟读经。至于那些反对言论，尽管声势浩大，却只是一群反传统者的偏执之人罢了！

然而，虽说反对读经的议论多半不对，但是现今的读经也仍有些问题。

首先，道学味太重。

"祸福无门，唯人所召"，清末以来，中国文化之倾颓破败，固因外力入侵，但根柢说来，更是因自身之疾重疴沉。自宋以来，过度尊崇儒家，又极度谨小慎微，读书人要么耽溺于风雅之事，要么萎死于琐碎之道德。于是，那口诵圣人之言的道学先生，一个个尽成了孔子批评的格局既窄心量又小的"硁硁然小人哉"！

正因这种窄隘，现今读经，遂多蹈宋儒旧辙，仍过度以儒家为中心，更过度紧盯"四书"。因此，当台湾的高中课程恢复了中国文化基本教材之后，遂引来莫大的质疑。主事者面对外界质疑，除了用篇幅有限这个不成理由的说辞搪塞外，还觉得自身一片赤忱，竟饱受无情

为人父母和为人师长者，大可放心地教导子弟读经。

无理之攻讦，遂处处防卫，更自觉委屈。读经若读成这种卫道心态，其实，不读也罢！

现今读经，另外一个更根本的困境是，脱离了原有的文化土壤。因此，长久看来，成效难彰，理想难期。

两岸读经，今日能蔚然成风，居功厥伟者有王财贵先生。他的读经理论，驳斥成说，极中肯綮。然而，他早期推广所说的读经之效，今日看来却有些言过其实，明显过度乐观。台湾读经大兴，迄今已近二十年，彼时读经之孩童，今多已成年，最当勃然兴发之龄。若依王先生当年所言，此辈青年，理应斐然成章，早该熠熠生辉了，但证诸事实，却完全不然。此辈年轻人展现之气象，与读经第一义该有的胸襟气宇，实在远不相侔。即使是最清楚可见的所谓语文水平，都很难说已经超越了未受读经洗礼的年届四五十岁的那辈，遑论再长一辈？

读经，本是为了成人，本是为了成为通达事理、性情平正、自知知人的朗豁之人，然而，两岸读经，尽管如此一片骚然，但离此目标，却其实迢遥。问题核心是，目前的读经并没有深植于该有的文化土壤，只像是种子撒在蘸了水的棉花上，当然可生长，也看似青葱翠绿，但总难以期待枝繁叶茂，绿荫满地。

所谓经书，本是植根于自然、植根于文化土壤而生之、长之、苗之、壮之的烨然硕果。读经，欲有大成，原该同古人一般，天生地长；亦该如古人一样，厚土深培于悠悠人世。否则，读再多的经都只是拾人牙慧，背再多的经仍只是孔子嗟叹的"苗而不秀"与"秀而不实"者。如此读经，若当学究，容或可行；欲成志士，则断乎不能。

现今文化土壤，经此百年斫毁，当然饶富不比当年；但真可植根之处，其实仍多。譬如台湾民间的四时祭仪，又如大陆各地的戏曲说书，再如两岸民众的勤奋笃实与活泼豁达，凡此种种，都足以让经书接得上源头活水。有志之士，若能留心于此，则读经之事，方能可长可久；读经运动，更可气象一新！

人文教育的新路径

前阵子，和任教大学文科的老友讨论：台湾的人文学问应与大学体制彻底切割。换言之，现今大学的人文学院应该完全废除，另外成立一个截然不同的书院系统。

这些年来，台湾的高等教育急遽恶化，"量化评鉴"的方式，催逼大学教授竟日忙迫，不时过劳；人文学院的情形尤为不堪。他们不仅同样疲累，还因论文量产明显落后而备受校方轻视。如此忙碌，却忙得毫无意义。因被迫专注于近乎无聊的论文，致使与学生疏离、与社会脱节，更与自己的文化理想渐行渐远。他们最大的痛苦，其实是忙得不知所云，忙得错乱荒谬。

事实上，人文学问在目前的大学里，必然要日益边缘化。盖因这二十多年来，台湾的大学早已沦为产、官、学一体中最为附庸的角色。在"产业国家主义"的环境下，大学其实已毫无自主能力。因此，与产业相关的院系，自然要向产业极力靠拢，甚至完全依附于产业。

作为产业"依附者"的大学，不仅要培训产业需要的专业人才，更因产业开发新产品的需求，遂配合着不断量产的相关研究论文。至于关联不大的院系，要么将自己"浓妆艳抹"一番，设法去依附，要么只能慢慢地被整个大环境给轻视和边缘化。

放眼望去，人文学院当然最可悲。一方面，因为不管如何"浓妆艳抹"，终究极难依附得了，终究要遭人嫌弃；另一方面，不管如何高声疾呼"人文精神"，校方在内外交迫、层层压力之下早已自救不暇，也只能对此"高调"摇头叹息。换言之，人文学院在现今大学体制内，要么慢性萎死，要么遭凌迟致死。人文学问必须完完全全脱离现今的大学体系，成立另一轨道的"书院"系统。

这个"书院"系统，不以培养专业人才为目的，而是聚焦于身心安顿的立命之学。现在的年轻人欠缺的是生命智慧，渴求的是人格典范，盼望的是身心安顿。

"书院"，正因此而成立。"书院"取法中国传统的教育方式，教师除了是"经师"，更必须是"人师"；师徒间，固然谈论学问，更重在彼此印心。"书院"的重点是生命之启发，而非大学关注的客观知识传授。

"书院"又可分成"预科"和"本科"两大板块。"预科"是在考进大学、接受专业训练之前，每个准大学生都必须先进"书院"修业一年：他们以礼乐学习为中心，在文、史、哲、艺、道五大方面稍事涵泳，由"道"总绾，重点在于"知有尊贵，知所敬畏"，然后打下身心安稳的基础。有此基础，再去学习相关专业，可以与产业若即若离，不容易异化成一颗产业螺丝钉。

那么，这样的"预科"与大学里的"共同科目"和"通识课程"有何区别呢？区别的关键在于，那些课程既然从属于大学，必然是同一套思维，必然专注于客观知识的传递与诸多量化成果的呈现；又因从属于大学，必须受制于那套桎梏性灵的评鉴体系。如此层层限制，其实是重重扭曲。最后的成效不彰是必然的。为何"书院"系统要完全独立于大学之外呢？正是要提出一套不同的思维、不同的教育模式。这套完全不同的教育模式不仅适用于人文学问，更适用于所有"人"。

"书院"的"预科"是其底盘，"本科"则是主体。本科生数量不必多，但必须是有心之人、有志之士。修业三至五年，或再稍长。书院的本科与大学系统成为两套互不从属的平行双轨道。本科的目标是培养近乎古代意义下的"士"。学习要点是身心平衡，首重修身，其次则宏观通达，既扎根于经典，又能博览群书，更能做第一手学问，读天地之大书。

本科毕业生可任学校教师，可从事文化工作，他们须重新担当"教化"之重责大任，当然，更可以从政。换言之，借着书院的建立，可恢复已然断裂百年的"士"的传统。

"书院"取法传统教育方式，师徒间，固然谈论学问，更重在彼此印心。

教育重建的起点是清朗的夫妻关系
——夫妻四帖

一　成"亲"

所谓中国文明，一是亲，二是敬。亲是重点，也是起点。

中国的礼乐文明，其实就是"亲敬"二字。孔子重礼更重乐，但受宋明以后迂儒连累，近人多已遗忘，甚至也不太相信，孔子不仅可敬，其实更是可亲。又因"五四"反传统影响，大家也逐渐淡忘，甚至不乏怀疑，中国文明原有着既亲且敬的人世风光。百年来，正是这人世风光的日渐杳然，加剧人间亲敬的逐年变质。

这样的变质，首当其冲，是男女关系。

于是，现在的男女，多半不亲。

时下男女，彼此不亲，却老强调激情，总要夸大浪漫。譬如台北街头，为了求婚，常常才隔几天，便有人挖空心思，相竞以耸动方式、劲爆手法，刻意制造强烈的戏剧效果，好让女友一时怔住，感动莫名，于是点头允婚。

但我不免好奇：如此戏剧效果，真待婚后三五年，他们之间又将如何？激情总难长久，花招又岂能无尽？当求新求变有时而穷之后，他们又将何以为继？

又譬如现今新人结婚，流行婚纱拍摄，即使所费不赀，也必求个浪漫与唯美。然而，这童话般浪漫唯美的照片，不仅无益于婚姻之坚实，更无助于夫妻间的相知与相惜。

事实上，当浪漫婚纱蔚然成风之际，也是离婚率年年攀高之时。换言之，越是刻意追求浪漫，男女之间反落得日益不亲。

原因何在？盖这浪漫本身，原是刻意造作，本非平常，尚且，后头还有个商业机制在。如此一来，层层叠叠，尽是虚情与假意。这般虚相，与真实的自己本来就早有一隔，于人自然会更加疏隔。因此，这样的浪漫，虽可一时心荡神驰，但终究只会让人越隔越远。

中国文明之亲，首先就是无隔。人之相与，贵在无隔。世人常叹，"交游满天下，知己无一人"。所谓知己，无非就是那无隔之人。与人无隔，本来不易；男女之间，尤其困难。

时下的男男女女，受西方影响，过度聚焦于刹那间的相互吸引，因此，真正长久的相处，遂日显艰难；真正绵密的相知，也日渐阙如。

正因如此，男女间真想无隔，便迢迢其遥。尤其资本主义推波助澜之后，男女欲念，空前标举；男女情爱，更被无限称颂。但越是如此标榜，男女间的疏隔反倒日益增添。

于是，男男女女，才刚相吸，随即相斥，狂喜不久，转眼倦怠；激情之后，便又心生嫌恶。如此男女，遂成了庄子所说的"方生方死、方死方生"。如此男女，遂成了生死流转，终归无常。

正因这般流转无常，正因执念于浪漫情欲，于是，我们看到了电影《泰坦尼克号》以其强大的电影技术，挟其排山倒海的营销力量，总能让无数人爱之恋之、痴之迷之。电影中那生死一线的爱欲之情，让无数人怦然心动，久久不能自已；至于男女主角迎风相拥的浪漫画面，更不知让多少人心生向往，为之无限憧憬。

然而，不管是憧憬无限，抑或是不能自已，毕竟是层层叠叠的虚相，毕竟是一种痴迷。男女之间，但凡以痴迷而始，就难免以不堪而终。如此流转于痴迷与不堪，根柢说来，不正因为人己皆隔，不正因为少了个"亲"

字吗？

　　旧时男女，称婚姻为"成亲"。这词儿极好。男女之间，因为姻缘，从此成为至亲。亲是相知，亲是寻常，亲是细水长流。时下男女，过度眩惑于西洋式的激情浪漫，总缺少亲人间该有的平常之心。

　　事实上，男女之间，即便只是散步谈心，或只闲坐吃茶，这一时半晌，比起那邮轮上的迎风相拥，更有着至亲的寻常风光。

"成亲"这词儿极好。男女间因为姻缘，从此成为至亲。

同样的，家常夫妻，在生活中患难相与共、疾病相扶持，也比那刻意夸大的生死爱欲，更能涓涓潺潺地沁入心髓。男女之亲，本是平平常常，正如那家常菜色，毫不起眼，却最养人。

二　恋爱是诗情，婚姻是修行

现代人多半不快乐。

他们常心中空虚，无端烦闷，虽东寻西觅，却总不踏实。结婚之后，更尤其如此。关键原因之一，是他们轻忽了人生有桩要紧的事儿，名曰"修行"。

中国古代的礼乐，是万民的修行法门。不论贵贱、不论上智下愚，只要实心实意，依礼循乐，即使不知其理、不明其意，但凡时日一久，人生依然会有其风景。佛教传入中国之后，更加深了这修行的自觉。

世人皆知，台湾民间人情温厚，台湾百姓乐于助人，究其实，正因台湾的礼乐传统未曾中断，且民间一直保有这修行的想法。

那天，我带着妻小，陪二老到溪边踏青。走着走着，家父忽然停下了脚步。一看他没跟上，我们抬头回望，但见他修整着可能妨碍行人的路树枝叶。家母看了一看，言道："我们先走，让他弄弄。修整这些枝叶，免得刺伤别人，也算是件功德。人还是做做功德才好。"

我父母亲是文盲，都没上过学。他们做功德的想法，是从小耳濡目染来的，自幼习以为常，是民间千百年来根深蒂固的生命态度，非学校所学。事实上，现今两岸的学校教育，都因过度西化，更因日益物化，故而离"功德""礼乐""修行"这些词儿非常遥远。家父家母虽说是文盲，没受过学校教育，但比起许多高级知识分子，却更懂得对人世礼敬、对神佛礼拜、对祖先唯虔唯诚，不可或忘。他们比多数的读书人更明白，一生为人，自当修行一世。

他们一生中最重要的修行场域，是在家庭。台湾现代社会的崩坏，缘于家庭的瓦解；而家庭的瓦解，又缘于修行观念的丢失。换言之，受物质社会的侵逼及个人主义的扩张，家庭腹背受敌。于是，大家已然遗忘：原来，家庭才是文明的真正基地，才是修行的根本道场。

人之修行，始于家庭。一个人的性情涵养，相当程度映现了家庭的修行成果。事实上，若无法恢复家庭的价值与地位，再宏伟的教育改革、再深刻的教育理论，都无异于痴人说梦、难以落实。

家庭源于夫妻，始于婚姻。中国人的婚礼，之所以先拜天地、再拜高堂，接着夫妻对拜，正因从今往后，夫妻二人，既面对自然天地，又承继历史传统，皆堂堂正正的天、地、人三才。有此修行自觉，当然庄严！《中庸》说："君子之道，造端乎夫妇。"在中国文明里，婚姻就是修行的开始。

数十年前，我父母因媒妁之言成亲。他们性格差异很大，连吃东西的口味都南辕北辙。记得我小时候，看他们偶尔冲突，母亲受了委屈后，一旁啜泣伤心；严重时，他们几天都不说话；我们兄弟虽然年幼，却能清楚地感觉到那股低气压。但是，随着年纪更长，他们间的扞格渐消，歧异渐隐。斗斗嘴、彼此互嘲，自然常有；但真吵架、伤和气，却已极少再见。

家父虽说是一家之主，但正如许多中国家庭一样，其实母亲才是整个家庭修行的关键者。所谓修行，无非学会先将自己的习气与执着一一放下，然后，如实地、无隔地感知对方。正因修行可以修到彼此无隔，于是，有人有我，人我皆好。

四五十年来，我们家从不吃辣，直至几年前，我才明白，家母其实嗜辣，只不过家父不吃罢了！后来她提起此事，完全没委屈，也了无缺憾。那口气之淡然，让我总算明白，她与家父虽未经恋爱，但结缡以来，彼此之相知兼容，竟可以年甚一年！西方人说婚姻是恋爱的坟墓，中国人却说姻缘乃百世修得，且不仅前世修，今生成了亲，更要继续修。于是，一个施恩，一个报恩；一个敬，一个爱。所以，中国人说夫妻恩爱。

三 揖梅让石

有一次，我到杭州讲学，傍晚课罢，与学员一道饮宴。席间，不知谁人提起了"男女平等"的话题，我笑着说道："这是西方的词儿，因这词儿，把男女关系都搞坏了；若用中国文明的观点，就该换个词儿，叫'男女平衡'。"众人闻言，不论男女，尽皆抚掌。

现代的男女关系，实在不好。

首先，受西方影响，现代人喜欢渲染"爱情"，更极度吹嘘"情欲"。男欢女爱，本天经地义、正正堂堂之事，但他们这般夸大，总感不对。于是，不论男女，想方设法，都要让自己更具性吸引力。结果，亢奋期一过，男女关系便急转直下，变得索然无味，遂开始嫌恶对方，觉得"爱情已然远去"，才会有"七年之痒"云云（现今期限当然缩得更短）。

正因如此，人一旦衰老，也意味着性吸引力不再，现代人于是普遍怕老，尤其某些"时尚"人士，避老畏老，唯恐不及。这些人时髦光鲜，但怕老怕得有些歇斯底里。

这样的男女关系，除了情欲结合，好像别无余事。但这"爱情观"后头，因藏着惊人商机，故在物质时代里，反而最具正当性。所以，主流文化竭力歌颂，传播媒体也极力标举。譬如台湾的情人节，一中一西，每年两回疲劳轰炸，讯息铺天盖地；如此无边无际地渲染，怎么看都有种歇斯底里的感觉。

中国的男女关系，原不该如此。中国文明固然讲究男尊女卑，但这尊卑，正如天尊地卑一样，其实也就是个顺序，有先有后罢了！

在中国的礼乐文明里，男尊女卑的同时，彼此更互有揖让，因此，男女之间，便多能维持动态的平衡。正因有此动态平衡，于是，无论穆桂英的飒飒英姿，抑或贾母的德高望重，乃至电视剧《大宅门》里白二奶奶的决断果敢，中国人一向不觉有异，而这，与"男尊女卑"是丝毫没有冲突的。

我自己爱看戏曲，戏曲中的男女关系，多半比今人健康。譬如夫妇，通常戏中老爷出场，夫人紧随其后，然后互有揖让，相敬如宾。遇有大事，两人商量之口吻，比起今人强调的男女平等，更有着相互礼敬的平衡之美。

于是，我想起杭州讲学的隔天，偕好友三焦夫妇同游西湖，走着走着，遂见一亭；此亭隔水遥对孤山，但见梅花一片盛开；亭上有匾，隶书甚好，写有四字，"揖梅让石"。

是呀！"揖梅让石"，西湖正因有此揖让，遂成天下独绝。而今，中国文明初初重建，礼乐刚刚再起，就从这男女间的相互揖让做起吧！

四 "珍惜"夫妻间每回的冲突

儒家说"修身"，佛教说"修行"，这两词虽说有别，但自佛教中国化以来，后世多已混用。

《大学》里有句紧要的话："自天子以至于庶人，壹是皆以修身为本。"修身，乃文明之本。自古以来，透过礼乐的修行，透过佛道的修为，中国人的·生就是修行的一生。

因有此修行自觉，才有所谓的中国文明；也因有此修行自觉，中国文明才能历千劫、经百难，始终保持着光明喜气。

《大学》先说修身，紧接着谈齐家，盖中国文明的修行基地，本来就是家庭。所谓文明的堕落，追根究底是家庭的败坏。许多人为了功业置家庭于不顾，动辄牺牲婚姻，其实是本末倒置。甚至，无心于家庭之人，却高言献身教育，更是彻底的自欺欺人。

闻听有夫妻自结缡以来，自始至终，琴瑟和鸣，从无争吵。这当然令人艳羡，但如此天时地利人和一切俱足，且又福慧兼得者，毕竟是极少之特例。若论一般夫妻，恐怕多半如我与内人一般，才刚结婚，才过蜜月期，便开始冲突；这冲突，先是想法的摩擦，渐渐转成激烈的口角。如此口角，在婚后的前几年里，我夫妻可半点没少过；严重时，也曾冷战数周，毫不言语。

夫妻相处，向来艰难。盖男女之异，原本就不差地别：彼此的家庭背景与生活惯性，必然相互径庭，双方的种种偏执，谁也没比谁少；加上大家日渐晚婚，生命柔软度已多退化；偏偏又赶上个人主义无限张扬的时代。于是，在彼此毫不遮掩且无可遮掩之下，所有的缺陷和矛盾，都彻底暴露于前。既然如此暴露，且又朝夕相处，整天盯着，焉能不碍眼？又焉能不憎恶？于是，夫妻扞格，几成必然。因此，新婚不久便关系紧绷、陷入僵局，甚至以离异收场者，又何奇之有？

怎么办？

很难办。

修行，就是承认自己的限制，从而体谅对方之不足。

以前，自照功夫还不到时，夫妻间才一冲突，我的嗔恨之念便起，刹那间，嗔恨化身千万，布满四方，放眼望去，尽是对方的不是；怎么看，怎么不顺眼；越不顺眼，便越强化自己嗔恨的正当性。于是，越看越嗔，越想越恨，念念相续，死生流转，其实，这就是个无间地狱。

这地狱，当然是自造的。

佛家说，修行是"离苦得乐"，讲白了，就是别再自造地狱，别再跟自己过意不去！

许多年后，我终于明白了这一点，才学会不再跟自己过意不去。从此，若再与内人发生隙罅，又开始心生嗔恨，便像个旁观者紧盯着自己，细细看着那念头如何念念相续，得再转念几回，才肯罢休。所幸，近年来，因盯久了，"眼力"稍有长进；"眼力"一长进，自照也逐渐清明，于是，那些炽烈的嗔恨之念，也渐渐远去。

因此，这些年来，我开始学会了"珍惜"每回的冲突。烦恼即菩提。是呀！有了烦恼，才可自照；有了冲突，才可更清晰地看到自己的贪、嗔、痴。如此自照，看久了，也看仔细了，只觉得自己其实好笑又好气。但是，若真要自责，又知无益，于是，我只好抬头望望窗外。

一看，好天气呢！

锻炼与熏陶——孩子的管与教*

刘女士（全职妈妈，一于一女就读小学）：现在生活周遭的物质诱惑太多，造成孩子不易满足，也容易贪心；而且，外界的刺激又太多，导致孩子的内心静不下来。这样的环境，让我感到无奈。更麻烦的是，即使我这边不给刺激，也仍有太多其他的来源，真是防不胜防。

薛仁明：早些年，小孩还长住茄苳时，每次我一回来，几乎都要做同一件事：把别人新送的玩具全部收起来。在孩子活动的范围内，除了一两件外，玩具越少越好，其余的，统统放到仓库里。

　　记得有次去人家家里，门一打开，但见整

---

*薛烨岳是我的总角之交、小学同学，也是茄苳老家的邻居。上回我与他及其夫人刘美佐女士在茄苳老家谈孩子的教养问题，这是根据谈话内容整理后的润饰稿。

个客厅全是孩子的玩具，几乎踏不进屋子。当时，我第一个念头是，这孩子将来完了！

当然，玩具并非罪恶，但是，只要太多，过了临界点，就会将小孩的心智塞满，感受力也会被这些对现实模仿太过却又全然为假的东西给限制住，因此，想象、体会的空间就变小了。

所以，一开始就要有所节制。只要有人送就收起来，若能拒绝就直接婉拒，请对方以后也别再送。这事很难吗？倒不难，一回二回，慢慢大家就理解了。

后来比较麻烦的，大概就是食物。大家送礼当然是好意，结果，正因这番好意，从亲戚到邻居，甚至后来从小学到初中，他们动不动就送小朋友糖果饮料这些垃圾食物；学校的老师也拿垃圾食物当奖品，实在是件很奇怪也很错乱的事情。

至于亲戚邻居，就是觉得小孩爱吃，但问题还不仅仅是垃圾食物，更根柢的麻烦是：当孩子从小就习惯所有的大人都来迎合他、取悦他，那么，他又怎么不会不以自我为中心呢？他又何时才学会考虑别人的感受呢？

这些东西，若是罕客、若是好不容易才见

到一回的客人所赠，就不妨直接收下。除此之外，一般的情形，头回若是不得不收，仍需跟对方明讲；要不，就干脆不拿。刚开始时，这当然会有点不好意思，但久而久之，大家心知肚明，这问题也就好多了。

刘女士：但因都是自己人，实在有点没办法。

薛仁明：其实自己人更应该讲。

刘女士：但有时会讲不通，而且每次都会买很多。奶奶以前的生活很困苦，自己都没办法吃到，现在因为补偿心态，就给她的孙子吃。

薛仁明：这种"己所欲，施于人"的"将心比心"心理，当然是很多人都会经常犯的坏毛病，也带给了小孩无数的灾难。尤其阿公阿嬷，他们疼孙子，原是天经地义。不过，好像不这么买，对小孩的关爱，便一时间找不到着力点。我以前常劝阻二老，刚开始时，他们也会不高兴，他们也需要时间调适。其实，孩子在成长过程中，我们大人就需要时时调适，老人家当然也不例外。

刘女士：每周回到茄苳，小孩就开始吃零食、喝饮料、打游戏、看电视，真叫人无奈。

薛仁明：（笑，看着薛烨岳）这就跟他爸爸有关啰！以前薛烨岳曾说，自己已经没用了，只能把希望寄

托在下一代！如果你现在都把自己放弃了，小孩会有出息才怪！（大笑）

老实说，小孩在成长过程中，大人是可以受益更多的。因为在孩子的身上，大人可以看到自己的影子，可以轻易发现原来察觉不到的问题。但是，切不能因看到了自己的问题而骂他，更不能把对小孩的不满和对自己的憾恨硬搅在一起，否则会有很大的反效果。

恨铁不成钢，通常不是好事；偶尔为之，也要先想看看自己是不是钢。我以前就常犯这个毛病，刚教书时，老是恨铁不成钢，会骂学生，动不动骂半小时以上。当时自认为自己会讲道理，书也多读了一点，一骂起来就滔滔不绝。如果孩子爱听不听，就会更生气：我都这样掏心挖肺了，你们竟然如此不受教？结果越骂越凶。美其名是认真，是责任感，但老实说，整个过程中，有一大半是在自我催眠。

后来，等我多少有些自知之明后，骂学生就很少会超过三分钟，通常，两三句话就差不多了。再多两句，就骂不下去了。因为清楚自己的限制之后，也明白了他们的不足，知道只能骂到什么程度；过了临界点，再骂下去，不仅无益，自己都会觉得好笑。后来发现，骂小孩和打小孩一样，都忌讳没完没了、拖泥带水，尤其是在盛怒的情况下那种漫无边际的发作。

骂小孩与期待小孩是同一个道理，自己做得到，就不妨说两句；自己做不到，就千万别说。明明不该说，忍不住又硬要说，副作用很快就会显现出来。少说两句，也是提醒自己，还是老老实实地以身作则吧！只有以身作则，才是教育的不二法门。

刘女士：我们家有很多古典文学方面的书，但孩子根本不看。平时我只好到图书馆借些儿童版的古典文学给他们看，如果让他们自己去借，借的都是漫画类的书籍。

薛仁明：书不要让小孩自己去借，他们年纪还不到。你可以让他们选择那些我们曾受益过的好书，但不要让他们漫无方向地自由选择。只要是完全自由，通常就是选择最轻松的、最刺激、最感官的东西，这是人性的必然。

至于看古典书籍，得慢慢来，无法一步到位。像我们家小孩现在看《三国演义》，之前就酝酿了一阵子。譬如薛朴，小学一年级就看原版的《三国演义》（若说给别人听，大概没人会相信），这个前提是：他背过不少古诗；他很熟悉三国故事，看到原文会更有感觉；他爱看京剧，京剧的语言跟《三国演义》接近，既然已习惯京剧的语言，要进入罗贯中的文字就不难。

有些东西是得慢慢锻炼、慢慢熏陶的。锻炼是刚开始时需要吃力做的事情，这时不妨稍微勉强，稍微做些规定，譬如让孩子背书；熏陶是让小孩跟着我们做同样的事，我们做，小孩在一旁看。看久了，他们心中会有些感觉。这时，我们成长，他们也跟着成长。

比如，我们从孩子很小时，就不带他们去看那种专门为儿童制作的节目，我们出门也很少迁就他们而去那种专门取悦小孩的地方。基本上，都是我们去拜访朋友，小孩跟着去；我们参加活动，小孩跟着去。若是不乖，还会告诫他们不可再犯，否则会被修理。几次之后，他们就有一定的规矩，就会乖乖地坐着；久而久之，他们渐渐能从我们的去处获得益处。当别的儿童还在看儿童剧时，他们早就可以到剧场看正式的演出了。但是，真要论小孩的天真童趣，他们又完全不比别人少。

有些朋友对此很讶异：我们家的小孩出门，

活泼又规矩的姐弟仨。

怎么可以那么乖？其实，乖是在外面乖，回到家里，还是吵吵闹闹的。但是，在外头有这分小定后，对他们帮助还是很大的。

刘女士：现在书店卖的童书很多是图画，小朋友拿到书都不看文字，只看图画。

薛仁明：我不赞成小孩看太多漫画和绘本，偶尔看看，当然无妨，但不该成为小孩阅读的主体。现在大肆提倡绘本阅读，其实多是书商在投读者所好。看图画当然比看文字轻松愉快，但问题是，轻松愉快之后呢？一本绘本没几个字，却沉甸甸的，价格又不便宜，小孩翻了一遍，好像就读完了一本书。结果，不仅没有对书的基本敬重，还因学校"阅读运动"的推波助澜，孩子会误以为自己真的读了很多东西。明明所知所得极其有限，却自矜自骄！这样的"浅阅读"，数量再多，对孩子的帮助都不大，习惯之后，还会阻碍他们深度阅读的能力与耐性。这种效果，大概就像成人整天抱着手机浏览信息，美其名曰学习，事实上，帮助又有多大呢？

我们夫妻有时会去旧书店帮小朋友买些少年读物，如台湾民间故事、历史演义、古人传记、成语故事等，几乎都是文字。在家里，这些书的定位就是娱乐。

此外，除了学校作业，他们还得背书，这才是真正的功课。至于读罗贯中的《三国演义》，则是介于功课跟娱乐之间。譬如薛朴，我时不时就会问他有没有看《三国演义》。如果不稍微提一提，依目前情况，他不太会主动看。和其他童书相较，这书毕竟还是难一些。难的读物要稍微规定一下，稍微有点勉强，但这勉强又不能过度，一过度就会有反效果，所以不能硬压。

刘女士：我家女儿的功课就比较差一点，我帮她做过复习，还是不见进步。

薛仁明：有些人天生比较迟钝，家长当然要帮他一点，但如果超过了合理的限度，对小孩就会有反作用。很多书读得不算好的小孩，在成长过程中，之所以有那么多不愉快，就是因为家长有太多不合理的期待。家长可以有所期待，但不能过度；一旦过度，就是在害小孩，也会把自己赔进去，最后变成两败俱伤。

对小孩的原则是：可勉强，但不能压；可引领着走，但不要拖着走。小孩年纪越大，越有想法，越是硬压，反弹就会越大。如果我们对他有弹性，将来他的弹性就会出来。这点很重要。如果我们太过严格，将来他对自己，包括对别人，也容易过于严苛。

我写《二丫头读〈三国〉》时，之所以从阿和下笔，正因为她与读《三国演义》这件事反差最大。因为阿和的天资与性情本来就离这些东西挺远，后来她可以每天慢慢翻，一字一字读，读到了四十几回，遇到诗也读，偶尔还会把它们抄写下来，我就觉得这特别有意思，她本来不是这样的人，她能认真到这种程度，我觉得可以了。若过度期待，就是做父母的贪念。只要有贪念，就会害人，甚至酿成悲剧。

刘女士：小孩子爱问问题，但又常常乱问，到底要不要

鼓励孩子发问？

薛仁明： 以前教小孩，头一件事就是学习虚心。一个人只有先放下自己，然后才能让外面的世界进入心里。传统教育之所以不鼓励孩子问问题，正是要他先学会听别人讲话，真要提问，等他年纪稍长、肚子里有了东西。幼小时，以虚心为第一要务；小孩一旦虚心，以后学东西就快，比较不会刚愎自用，更不会看什么都不顺眼。

现在的孩子喜欢发问，看到啥就问啥，真是有十万个为什么。大人也很"认真"，整天忙着回应孩子信口提出的问题。但这并非好事，容易让小孩理所当然地认为，我问你就得答，而且要很快地回答。

从此，他对未知之事失去耐性，不知道有些事情得放在心里慢慢琢磨，他不习惯察言观色，不明白眼观六路、耳听八方。

随意发问的小孩，问题没办法含着、蓄着，就没有持续性、发展性，等到后头，他对世界的兴趣可能会逐年下降，到了青春期，身上可能了无生气，什么事都觉得无聊。

小孩乱发问，有时只是为了黏住你而已。大人该答才答，不必要时就别答，甚至不要让他轻率地提问。对于小孩好奇的事物，尽量让他学会在心头过一过。小孩愿意听别人讲话比懂得表达重要很多，愿意听人家讲话，心里才会有别人。

孩子愿意多听一点、多吸纳一些，不仅学习能力强，对世界也会有一份真心的好意。

我看华德福教育

这次，谈谈我对华德福的看法。

早先，去北京辛庄师范上课之前，我根本不知道华德福是什么。上了两个星期课之后，我依然不知道华德福是什么。

后来在华德福圈子四处行走，明明我不懂华德福，也不太感兴趣，却常有人对我说：你的想法和华德福是一样的。类似的话听久之后，我对华德福有了些粗浅的认识，我的结论是：他们所谓的"一样"，可真是误会了。

华德福教育体系可算是所有西方教育体系中最晚引进中国的。事实上，在"五四运动"之后，中国开始从西方大量引进各种教育模式，当时的读书人不可能完全没有触碰到华德福。可当他们接触时，很难对华德福感兴趣，因为它太不西方了。

当大家把西方所有能引进的东西都引进得差不多之

后，华德福教育体系才姗姗到来，不久，整个中国忽地就遍地开花了。常常是两三个妈妈一接触华德福，立马就进入亢奋状态，接着就打算筹备一所华德福学校了。

为什么一个那么晚引进的教育体系能够引爆如此巨大的能量呢？个中原因，恰恰就在于它最不西方，离我们的东方文化也最近。大家知道，当中国摆脱既贫且弱的困境后，当我们已逐渐满足原先对于富强的期盼之后，却又产生了空前的困惑与迷茫。在困惑与迷茫的背景之下，有几桩事情开始接连发生。

首先是王财贵先生的"读经运动"。这之后不多久，则是"国学热"。两者之势，都如火燎原。随后，天安门前九点五米高的孔子塑像矗立了起来，再没多久，政府就开始大张旗鼓地正式提倡国学了。而华德福教育从引进到勃发，恰恰也就在这个时间点上，恰恰也是类似的发展势头。换句话说，中国人面对华德福这个从德国引进的教育系统，竟然有一种发自内心的、不同于"国学热"的亲切感。

这亲切感，来自华德福本身有种强大的东方基因。大家知道，华德福创始人鲁道夫·斯坦纳曾受歌德影响，而歌德则受老子影响甚深，所以大家接触到华德福时候的亲切，当然不是因为那个"华"字，而是背后有一整套的思维。譬如，全中国的华德福学校在做节气、节日——中国这些传统文化时，可以做得那么自然。

我曾受邀去成都华德福学校讲课，校长李泽武带我参观他们的校园，当我看到每一间教室都写了春联，很是感动。

华德福的东方基因跟各种私塾与读经学堂形成一种特殊的对比。简单地说，学堂、私塾本质上是儒家（而且还是宋明以后的儒家）基调，所以，私塾的小孩多半规规矩矩、彬彬有礼，但是，那种规规矩矩与彬彬有礼让我有点不安，好像有某种东西不对劲，好像小孩不太应该是这样子的，好像孩子身上有某种东西被绑住了。这大概是家长把小孩送到私塾或者学堂觉得不对劲的本质原因。至于华德福，则是另外一个样子。它有老子的背景，崇尚自然，没有那么多规矩，小孩比较活泼、自由、有灵气。可目前这个圈子的小孩问题也很大。换言之，华德福将来要在中国持续发展，要在中国落地生根，得经历一个比较大的变化，这就是所谓的中国化。但我常讲，"中国化"说来容易，可当真去做，却得扒一层皮的。所谓"扒一层皮"，就是得把华德福某些与中国文化不相容的西方特质给丢掉。可是，这又谈何容易？

简单地说，华德福固然受到道家的影响，固然有相当多的东方基因，但终究是个西方体系，免不了就有西方的包袱。这些西方的包袱，目前华德福圈还不太能用平常心对待。毕竟，中国人对西方的仰视，一时之间还调整不过来，没有能力去平视它。也正因如此，华德福圈子面对外教，至今都还习惯仰着头看。在这样的情况之下，中国的华德福圈子就缺乏足够的能力与勇气去拣选到底什么东西是我们可以接收的？哪些是适合中国的？而哪些又是我们得进行调整、放胆转换的？

华德福最核心的问题是，如果它是一个彻头彻尾的道家，那就一点儿问题都没有，可是，它却只是一个半吊子的道家。尽管这半吊子已经很迷人，足够我们玩味再三了，但它的某些气质对女性的吸引力尤其强。这个体系为什么那么吸引女性？大家都知道，老子是全世界极少数最懂女人、最深知女人能量的顶尖高手，道家在阴阳调和、刚柔并济之间，也特别有体会。尤其在全世界几个以男性思维为主的大文明里，道家的"柔弱胜刚强""上善若水"，格外能照察到阴性的能量，所以受道家影响的华德福吸引女性是有道理的。

可是，中国真正意义上的道家，肯定是负阴而抱阳，必定是阴阳调和、刚柔并济的。譬如，他们说弃圣绝智，圣不要，智也不要，他告诉你别读书，读书会把人给读坏了。道家常常这样讲。但是，道家之所以会这样讲，恰恰是因为他们经历过了，知道里面的问题，然后才告诉大家问题很大。对于礼、规矩这些东西，道家是很清楚的。该有礼的时候，他比谁都有礼。孔子不是还问礼于老子吗？可是，华德福呢？它的道家味道加上西方民主、自由那套说法，很多人一接触，觉得太好了，从此整天叨念着"爱与自由"。结果，自由过了头，就是没规矩。

在中国文化里面，最典型的生命状态一定是儒道互补、外儒内道，该有的规矩、该有的礼数都有，可内在又有一份宽松，内外兼备，如此生命，就容易平衡。几千年来，中国人的生命样貌，大抵如此。

家庭中的自由和规则

做父母的，都希望小孩既可爱又有规矩，那么小孩怎样才能既生机盎然又有规有矩呢？我们总认为，人就是要自由，人就是不能被干涉。于是我们对孩子说，只要你自由地成长就好了，而更糟糕的，则是对孩子说，孩子，只要你能每天快乐就好。

不幸的是，当你期待孩子每天快乐时，孩子将来就很难快乐得起来。如果你反感应试教育，却每天期待孩子考试考得好，就是一种扭曲。可是，假使你每天期待孩子快乐，是不是也同样是种扭曲？如果你因为自己成长过程不快乐，所以把自己当初的欠缺强加给他；如果觉得当初自己受了那么多束缚，所以觉得小孩不能再受那么多的束缚，基本上，这是把你所欠缺的东西丢到他头上，这叫"己所欲，施于人"。

孔子说"己所不欲，勿施于人"，非常好，这叫作恕道；可他为什么不说"己所欲，施于人"呢？因为，"己所欲，施于人"通常是痛苦的一大来源。大家一定遇到过吃饭时拼命劝菜的人，哎呀，一定要吃，不吃，好像就是没给他面子。如果是劝酒，那才更可怕。他硬给你，你不接受，好像就失礼；可接受了，你也很痛苦。那种"己所欲，施于人"给人的麻烦可多了。朋友之间这种事，还算是小麻烦。可真到了亲人之间，"己所欲，施于人"所造成的痛苦才真是说也说不清。

大家想想，我们的小孩是从什么时候开始变得难教呢？简单地说，就是从家长开始很关心教育开始。关心是对的，可是，关心稍一过头，就免不了变成"己所欲，施于人"。明明我们花费了那么大的心力，去学习、去上课，想尽办法要把孩子教好，可孩子的样子却常常不尽如人意。大家越希望把孩子教好，可最后的结果为何越适得其反呢？

我常讲，言教不如身教，身教不如不教。身教是你还想教他，可真正的教育，却常常是外表上不怎么教的。可这不太教，其实正是最大的教。不存心要教孩子什么，孩子才会学得好。如果我刻意要教你什么，你心里容易抵触。有时故意不想教你，你才会更认真。

我在写《其人如人》的时候，小儿子薛朴常常在后面偷看，我每回都故意不给他看。可当那本书写完时，每一篇他也全都看过了。正因我不给看，他才会认真看完。最近，他给我一个最新的评价："爸，我发现你的书其实很耐看。"我的回应是："谢谢!"

做父母的如果有一颗"平常心"，也就不会有那么多的"己所欲，施于人"。因此，该怎么着，就怎么着；没那么多思维、概念的纠结，不去想小孩该不该体罚，体罚之后会不会造成心理伤害、会不会导致人格扭曲，才可能把小孩教好。

譬如我家，我的父亲是文盲，母亲也是文盲，两个人都是纯靠劳力挣钱的工人，都是穷得叮当响的无产阶级。和我一些高中、大学同学相比，我完全没有家学渊源；在我小学毕业之前，我们家一直都是家徒四壁，除了教科书，没有任何一本书。有一段时间，我对于我的出身背景即使称不上自卑，至少也有相当程度的遗憾。我觉得人家是赢在起跑线上，而我只能在起跑线上看着人家拼命往前跑。可是，等我大学毕业之后，生命有了几番转折，回过头来，我才真心地感激我父母。正因为我父母亲是文盲，所以他们纯粹就是中国人的文化基因，没有半点概念的纠结。也正因为我父母亲的这个背景，我才最直接地看到中国的民间是怎么一回事。后来我谈中国文化，之所以能触动人，让人觉得亲切、接地气，其实都要感激我的父母亲。后来回头一想，当年我父母亲怎么教我？无非就是掌握几个大原则，然后该打就打、该骂就骂，该关心就关心、该放手就放手。一旦逾越底线，他们肯定打你、骂你，可是只要没到那个底线，他们几乎不管你。小时候我其实是挺自由的，不像现在的孩子，一方面没规矩，另一方面又被管得极多。

后来总有人好奇：为什么我有那么多的想法跟别人不一样？其实，哪有什么不一样。其实我的想法跟乡下不识字的人几乎一样，我是受教于他们。我后来之所以能够不被时代的潮流拖着跑，之所以没有像那些文艺青年一样抑郁，正因为我小时候受了规矩与自由兼得的教育。

中国式的自由，是孔子所说的"从心所欲，不踰矩"。正因如此，在中国传统教育里，从小就得给孩子定个规矩，这规矩只要定得不太过分，小孩将来反而会比较自由。从这点出发，我们就可以慢慢去掉一些不必要的纠结。

传统家庭中有一个很关键的字："位"。

我北京有个学生，他和妻子都和我很亲。一回，他们带我去爬金山岭长城，回城时丈夫先送妻子回家，然后再送我去宿舍。车上就我们俩时，我就说："你们夫妻间是不是出了啥状况？"他愣了一下，有点惊讶："您怎么看出来的？"我说："如果连这个都看不出来，我还当什么老师啊！"结果，他就不讲话了。隔天，他单独来找我，说他最近挫折感特别强，很郁闷。一是他老婆不给他好脸色看。因为他在外面有一些分量，很多人找他帮忙，基本上是他说了算。即使称不上呼风唤雨，也算得上有头有脸了，结果一回到家就灰头土脸。这个反差让他觉得难以承受。二是连十二三岁的女儿也不给他好脸色。他觉得这太过分了。从小到大，他自认一直对闺女比较好，很疼她，"结果，现在我跟她讲话好像空气一样，她反倒过来给我使脸色。"潜台词就是，这家伙忘恩负义，没良心。

后来，我跟他谈了一下"位"。什么是"位"？就是孔子说的"君君，臣臣，父父，子子"。一个君主得有君主的样子，臣子才会有臣子的样子。你在公司里当老总有个老总的模样，你的部属才会有员工该有的样子。你在家里有个老爸的样子，小孩才会有小孩该有的分寸。

后来我提醒他两件事。

第一，他得搞清楚，外面的"位"和家里的"位"别扯在一起，这是两码子事。在外面再如何有头有脸，再怎么呼风唤雨，那是因为外面的头衔、外面的那个"位"。回到家里，你就只是个丈夫与父亲，外面的那个"位"就跟你没关系了。譬如我在外面，人家尊敬我，那是因为我有个老师的"位"。可回到家，在我老爸的面前，我唯一的"位"，就是他的儿子；他一不高兴，我也只能摸摸鼻子，认了。不同的位置，就要有不同的样子，不要搞混。

第二，同样是"位"的问题。他和他闺女问题的核心是他太宠她。我去他家吃过几次饭，他特别宠小孩，每次吃东西，总说："××，你要吃红萝卜还是白萝卜？我们吃一点红萝卜，好吗？"他老婆就会在后头说，请把后面的"好吗"两个字收回去。我说，你这就是错位。跟小孩讲话，全都用商量的口吻，反倒跟自己的另一半讲话，不时还用一些命令的口吻。这不是错位，是啥？大人错位，小孩自然就会错位。因为你没有父亲该有的样子，她自然就没有孩子该有的分寸。因为你错位，她现在这样对待你，就叫作恰如其分，用白话说，叫作刚刚好。小孩为什么不跟她妈妈使脸色呢？因为她妈妈的"位"很清晰。所以即使现在处于十二三岁的逆反期，她仍然很敬重妈妈，不会随便踩到妈妈头上去。

我们为人父母，只要不影响位序的清晰，有些事情问问孩子，征询一下，当然无伤大雅。可是像吃红萝卜还是白萝卜这样的事都需要被孩子认可，最后还得加个"好吗？"，显然，这样子会造成孩子位序错乱、价值混淆，更大的副作用，则是孩子很容易以自我为中心，反而更不容易尊重别人。

我们把父母与小孩的位序厘清之后，再来谈谈夫妻之间的位序问题。

几千年来，中国人不讲男女平等，讲的是男女平衡。中国人说乾坤定位，男人是天，女人是地。天是自强不息，地是厚德载物。中国传统家庭是一乾一坤，构成了阴阳平衡。一个平衡的家庭是阴阳调和，而不是男女平等。这种状态下，男人扮演男人的角色，女人扮演女人的角色。角色有什么不同呢？大家知道，乾是一个发动的力量，是一个精神的力量，是虚的；坤是一个承载的力量，是一个务实的力量，是实的。

中国传统家庭里，父亲通常是一个虚的角色，所以男人的形象比较接近以前家家户户都有的神主牌。看起来高大上，却没有太多实际的功能。以前厚德载物，干得多，心细，耐得了烦，绵绵密密。

中国这样的家庭运转，其实是合理的。父系社会之下，一个女人从娘家嫁到夫家，肯定是有一些牺牲的。嫁到夫家之后，担负着那么多责任，委屈也自然较多，将来小孩向着她、孝顺她，都是合乎情理的。有一些男士会跟老婆吵着问小孩，你比较爱爸爸还是爱妈妈？这种男人就是不识大体，没出息！搞不清楚自己的位。小孩子的心就是应该向着妈妈，这样家庭才会平衡。

因为平衡与循环，就可以生生不息。

这些"位"厘清之后，家里就容易有股源头活水。

家家当然都有本难念的经，可如果把"位"这任督二脉给打通了，相对就会少掉许多问题。

我们现在许多家庭因为错位，在家里不是小孩对大人察言观色，而是大人对小孩察言观色。如此一来，我们就扼杀了孩子最要紧的一桩事：格物。换句话说，我们只有把家里的"位"给正了，把规矩给定出来了，小孩才有格物的空间，也才有能力找到他该有的自由，这是我们为人父母者最重要的责任。

篇后 文章答问（部分）

小子！何莫学乎诗

张　岩（曾任教师）：台湾有些寄宿学校，尤其像森林小
　　　　学（编者注：它是以英国夏山学校Summerhill
　　　　School为范本，建立的旨在激发孩子潜能，强
　　　　调因材施教，以孩子的自由、快乐、自我实现
　　　　为教学理念的学校），会规定学生一律住校，甚
　　　　至常常出现小孩哭着要回家的现象，但校方依
　　　　然坚持这个住校的规定，他们的理由是："住校
　　　　的形式可以降低孩子在森林小学的学校教育和
　　　　家庭教育间适应的落差。"您怎么看？
薛仁明：之前台湾的"人本"理念之所以"打动"那么
　　　　多人，重要的原因是，他们很擅长理论，有一
　　　　套听来言之成理的严密理论。就我所知，有许
　　　　多人对"人本"不以为然，甚至心存反感，但
　　　　面对那套理论时，却常哑口无言，毫无招架之

力。这套严密的理论，一来使得"人本"面对任何教育现象时，都可以振振有词，甚至咄咄逼人；二来也让"人本"主义者完全确信，自己深具正当性，且立于真正的道德制高点。

另外就是，他们觉得自己都是对的。即使孩子半夜哭闹着要回家，他们仍然坚持学生必须住校，理由就是"住校的形式可以降低孩子在森林小学的学校教育和家庭教育间适应的落差"。

这"落差"代表什么？不就是说一般的家庭教育是不良的，是与森林小学的"教育理想"有显著差距的，只好通过住校这种隔离的形式，来改造小孩、来尽量缩小差距吗？

"人本"因理论严密，所以理念"纯净"。正因这纯净的理念，使他们觉得，即使牺牲家庭（当然他们不觉得是牺牲）也在所不惜。

"人本"为了"纯净"的理念可以牺牲一切的理路，确实可以震慑许多人，也可以"感动"无数"有志之士"。

但是，如今回头一望呢？

西方自从工业革命之后，因产业急遽膨胀，各国政府为了迁就产业，遂以"解放"劳动力为名，鼓励家庭成员投入职场，不断削弱家庭地位，让社会无限制地凌驾于家庭之上。从此，资本主义乃至今天人人称颂的"福利国家"，都是以"个体自由"或"社会进步"为由，逐步弱化家庭的。

老实说，目前许多家庭，孩子从一出生，便往托育机构送，然后再交给托管机构、幼儿园，傍晚又送到安亲班，等上了小学，甚至像森林小学一样要求小孩住校，结果，社会的力量早已取代了家庭的绝大部分功能。

事实上，家庭，才是文明的根本；家庭，才是教育的基地。如果不恢复家庭的教育主体地位，任何教育讨论都只是徒费唇舌。

我教书十几年，最大的心得是：当小孩离开家庭，来到学校，早已是"准成品"，能力再强的老师，也只能在家庭教育的基础上做些极其有限的增强或修补工作。家庭是主，学校是辅；家长是教育的主力，老师只是个协助者。

二丫头读《三国》

怀　仁：海外中文教育一向跟随国内的潮流，十九世纪
末二十世纪初的海外华人中文教育，都是以传
统的读经教育为主。在这样的教育下，移民
四五代之后的海外华裔子弟依然乡音未改，可
以舞文弄墨者亦不在少。然而，随着国内教育
风潮的突变，海外中文教育亦步亦趋，改简体，
教白话，在华人传统教育深厚的东南亚地区情
况稍好，在新移民聚居的美国、英国和欧洲各
地，这样白话文的教育导致海外华裔子弟的中
文水平仍是文盲、半文盲。

　　　因此，自客居海外以来，我只听说过不会
读中文书的华裔子弟，不要说读原版的《三国
演义》，就是少儿版的《三国演义》，也未见得
有千分之一的海外学童可以硬着头皮读下去。

因此讨论孩子读《三国》这个题目，对绝大多数海外华裔父母来说，确实有点天方夜谭的感觉。

作为一名海外华裔母亲，我居然可以参与讨论"孩子读三国"这样的奢侈话题，纯属意外。十年前，我们举家从美国转至英国，然后又到德国定居，那时，我带着刚过周岁的女儿小春子参加本地的华人宝宝聚会。现在，一半的孩子，特别是混血华裔儿童，已经基本不说中文；剩下的纯中国家庭子弟，又有一半中文发音不标准，更不要说认识几个中国字了。而小春子，不仅是标准的中、英、德三语儿童，三语发音标准，而且中文早就可以阅读繁体或简体的纯文本书籍——当然，以童书为主，但是那些被海峡两岸阅读机构归类为九到十岁儿童读物的科普和历史类书籍，她七岁时就读得爱不释手。虽然，她还没有开始看原版的《三国演义》，但是少年版《西游记》已经读得滚瓜烂熟。于是，阅读原版《三国演义》，也是水到渠成的事情了。

这一切，完全是拜"儿童读经"之"赐"。因为，小春子是当代欧洲华人社会里第一批读经的孩子。她从四岁正式读经，每日大约一小时。如今熟读了几万字中文经典，中文诵读、认字、阅读水平也一起水涨船高。——当然，发这个感慨，也是因为读到您文中一句"托白话文运动之'赐'"。阿和有幸生在薛家，家庭给予她许多古典文化方面的熏陶，然而今天这样的例子毕竟不多了。

薛仁明：你旅居海外，却这般坚持孩子的中文教育，个中甘苦，恐怕是今日两岸长居自家文化母土之人都很难如实体会的吧！

不过，也正因艰辛，你的感受可能比别人真切。譬如你所说的，如果不从经典背诵下手，"海外华裔子弟的中文水平仍是文盲、半文盲"。只因不同的学习方式，结果竟可以如此天差地别。就这点而言，两岸因占了地利之便，反而习焉而不察，很难有如此强烈的体会。但是，对你而言，这却是一个最切身、最根本的文化存续问题。

我有个学弟，是马来西亚华侨，平日满心满口尽是中华文化。因诸多原因，马来西亚华侨对中华文化的情感多半比两岸华人炽烈许多。对他们而言，文化完全不是邈远之事，而是再真实不过的切身问题。

二十几年前，虽然台湾有些文化的纠结，但毕竟仍是华人文化圈里最具中国文化底蕴的

以琴与儿和在一起弹琴，萧仲馨摄

地方，但是，随着一波波"大中国化"的浪潮，台湾文化的优势，早已迅速流失。

老实说，眼下台湾的教育，并没走到真正的谷底。

毕竟台湾文化底蕴深，有识之士依然甚多；有心的老师和家长，与其成日忧心焦急，不妨未雨绸缪，先帮下一代打些底。其实这打底的工作不难。我写《二丫头读〈三国〉》，正是要谈谈自己的经验，或许可让有心之人参考。至于你在异国他乡独力播下的文化火种，我想，必然会对更多的人有所启发。

警惕"拜物教"

李志鹏（现居北京，任职于中国社会科学院）：我以前坚
　　　　持认为，更年轻的一代应该比我们这代人更善
　　　　于独立思考，但现在渐渐发现他们之中见解庸
　　　　浅的并不少，反而存在另一种类型的"人云亦
　　　　云"，随流行而"人云亦云"，即您所说的"单
　　　　一、同质"，包括趣味在内。

薛仁明：这是因为信息越是发达，商业逻辑就越有能量
　　　　将强势的单一价值进行无限放大，进而将其他
　　　　的东西逐渐边缘化。

李志鹏：实际上，这种表面的多元把一切都"相对化"，
　　　　是另一种"一元化"。

薛仁明：这种表面的多元，确实是将一切"相对化"，然
　　　　后再将资本主义的主流价值透过无孔不入的讯
　　　　息管道，强化成无可撼动的唯一价值。资本主

义，成了多元假象背后唯一的一元。台湾的综艺节目有种模仿秀，向来什么人都模仿，但最近有个模仿乔布斯的，却遭到一系列挞伐。这个模仿者，顿时像是罪大恶极似的。大概作为资本主义的代表人物，乔布斯俨然变成了神，几乎不能被质疑，更不能被取笑。

李志鹏：我对台湾不了解，听您一说，似乎两岸的年轻人越来越趋同了。

薛仁明：其实是全世界的年轻人都越来越趋同了。

李志鹏：真是"全球化"了！您所说的"年轻人失去自己""是成人造就出来的"，道中要害。为什么倡导"独立思考"反而造成了"同一种思考"？

薛仁明：因为倡导"独立思考"，本来就是某种特定文化脉络下的一种思考。

李志鹏：是何种文化脉络？

薛仁明：西方资本逻辑下的自由主义。

李志鹏：是否就是您所说的日益走向"标准化""规格化"的"自由主义"？我认为这种自由主义实质上是一种"伪自由主义"。

薛仁明：的确是一种"伪自由主义"。那是一种让资本扩充与自由无限膨胀，然后迫使人日益标准化、规格化的"伪自由主义"。

李志鹏：用马克思的话来说，这是一种人的"异化"。今天这种"标准化""规格化"不仅充斥资本市场、产业世界，而且蔓延到教育与科研中。

薛仁明：只要是"标准化""规格化"，就必然是全面性的，不可能只局限在产业界，因此，教育界与科研界都难逃此劫。正因为是全面的，所以连那些高喊独立思考者也都"规格化"了起来，都变成我讲的"独立"了半天，仔细一看，却还是同一种"思考"。不仅"思考"雷同，他们竟连神情也极像，多是纠结甚深，多是忧郁难解。

祖父祖母，皇天后土

怀　仁：记得儿时，除夕年夜饭时，餐桌上总有一副单独留出的碗筷，那是家父为他过世的祖母准备的。我惜未有缘亲见曾祖母。后来，这件事情以为忘记了，但读到您文中令堂祭奠奉飨令祖父祖母那段，禁不住落泪……一下子涌出许多早年的记忆和对曾祖母的思念。原来，这年年相续的仪式与真切缅思，让我感觉内心深处早已与曾祖母血脉相连……

薛仁明：你所提令尊与令曾祖母之事，非常动人。

令尊那一副碗筷，其实已是祭祀了。他当时虽未必有祭祀之意，但那样的缅怀之思，通过具体的形式，正如孔子所言"祭如在"，其实，这就是祭祀。中国文明以色显空、以体显用，正是以这样"年年相续的仪式"传达了"真切缅思"，世世代代之人从而能与历史、自然"血脉相连"，这正是祭祀的极意。

怀　仁：我在英国牛津时，有时会去参加教堂的晚祷。那座有六百多年历史的学院教堂中，灯光朦胧，烛火摇曳。身着圣衣的唱诗班少年缓缓走入，洁白的诗袍花领映托着他们高贵典雅的面庞。甫一开口，灵性的天籁充盈于整个空间……其实在牛津这样的地方，无论在学院、图书馆还是在餐厅，都会让人有一种历史与现实的错杂感。

这份穿越，对中国人来说实在太奢侈——不到一百年的时间，因为祖祖辈辈的生活方式已经变得如此陌生。

薛仁明：就台湾来说，在台北街头依然可以不时看得到有人穿着唐装或是布衣，寻常地行走。我的老师林谷芳先生就是终年一袭米白布衣。

前阵子我和朋友吃饭，安排在一家老式的上海菜馆，据说，里头的气氛、堂倌儿的态度，以及菜肴的味道，和六十年前几无二致。在里头谈话，因为嘈杂，虽然有些辛苦，但我仍是很喜欢那种传统中国菜馆的人声喧哗与杯盘交错，有着中国文明特有的人世繁华。

用完餐，才走几步路，我们到了"台北书

院"的附设茶坊，里头静谧雅致、疏朗大气。朋友才坐下，便忍不住惊呼，台北怎么会有这样的地方？

那天下午，北京的两位编辑也来了。看了"台北书院"的讲堂，美术编辑脱口而出："好想在这里听课哟！"

那讲堂，平常就是上中国立命之学的地方。

晚上我又带两位编辑到食养山房用餐，餐毕，主人招呼我们饮茶。夜色中，微雨的食养山房宛如一幅宋元古画，灯光氤氲在寂寂山谷中，且有溪水淙淙。告辞之后，美编还说，刚刚喝茶的地方，感觉像是到了佛寺。

只要用心发现，处处都有静谧雅致之地。

薛朴唱京剧

杨少文（现任职于出版社）：薛先生的育子之道，真让人
　　　歆羡。但回头想想，又很平常，这才是家教本
　　　来应有的效果呀。如今，在都市激烈的竞争中，
　　　在农村城市化进程的大潮下，还有多少孩子能
　　　受到如此健康的教育、能在幼时养成这一股子
　　　兴发之气呢？

薛仁明：认真说来，确实就是"平常"二字呀！

　　　我看身旁的朋友教养小孩，总觉得他们教
　　得太"费劲"，总感觉少了平常之心。他们天天
　　急着送小孩到各种才艺班，使劲给小孩学这学
　　那，结果，是小孩真的从中受益，还是反过来
　　感染了他们的焦虑呢？

　　　父母亲如此焦虑，整天惶恐于"输在起跑
　　线上"，在这样不安的氛围下成长的小孩怎么会

身心平衡呢？有些小孩，才六七岁，伶牙俐嘴，看似多才多艺，实则被塞了太多不是自然"生"出来的东西，和小孩的生命状态完全不相称；小孩因被填塞过度，结果学习的胃口都坏掉了，以至于对啥事都无甚兴趣，更少欣喜。

换言之，作为一个人，尤其一个小孩，对事物本有的兴味，他们其实已丧失过半，赔掉了一生中最重要的资产。

小孩对事物本有的兴味，是他们一生中最重要的资产。黄华安摄

小孩最该珍惜的，是他们生命的混沌。因为混沌，所以有元气；因为混沌，所以对所有的未知都充满了兴味。在混沌的状态下，其实是用生命的直感，凭借一份好意去先感而后知地学习事物。这样的学习，是自然"生"出来的，是有喜悦的，是孔子所说的"不亦说乎"的那个"说"字。

早起乃修行之事

区桂芝（语文老师）：不是人人都有池上可去，也不是人人皆有田园可归，但人人都必须寻得自己的桃花源。蜗居都市如我，"结庐在人境"，青山绿水无缘，白云蓝天割裂，然时日一久，高楼霓虹、车水马龙竟成生活良伴，渐得"心远地自偏"。可见隐于喧阗市集中，不以物伤性，也可以远离红尘是非。

薛仁明：你的情况当然比我好。你是大隐，我充其量只能算是小隐。

　　正如你所说，"人人都必须寻得自己的桃花源"，每个人都要用自己的方式找到生命安顿之处。我之所以去到荒僻的乡野之地，一方面是情性使然，另一方面也是因为年轻时的痼疾过深。

上回有台北的客人来访，我提起二十多年前来到花东纵谷，看到两座苍翠山脉中，青青葱葱的平原一路逶迤，顿时，整个人就安稳下来了。客人听我说"安稳"，觉得很有意思，因为他只听人家说花东纵谷"漂亮"。我笑着说，真论"漂亮"，花东纵谷不及东海岸。东海岸大山大海的壮丽，处处是景，但是，太像风景的地方固然可游、可赏，却很难有长居久住的安稳之感。

我年少时，因不安甚深，也不安甚久，故而对于身心安稳的期盼特别强烈；也因当初身心失衡特别严重，故而需要从生活环境、起居作息这些根本之处进行调整，再配合整个感知系统的彻底转变和调适。如此一来，重新找到平衡，才庶几可能。当年的我就像个重病患者，特别需要挑个合适之地好好调养。于是，我找到了池上；于是，我的生活变成了朝五晚九。

我越来越像乡下人了。

谢　翔（任职于出版社）：改变这种"暮气"的状态，您当初是主动为自己创造条件、改变环境。可是像我这样在城市里工作、生活的人，想要改变环境，有诸多困难与牵绊，除了调整作息时间，您是否还有其他的建议？

薛仁明：还是先讲作息。

我在乡下住了多年之后，曾因故在台北住了一年。这期间，尽管红尘喧嚣，但我的作息依然与在乡下相仿，最多也就晚一个小时吧！至于妻小，更是如此。我记得，有几个晚上上林谷芳老师的禅修课，待十点钟左右回到家，一开门，屋内一片漆黑，只听到酣睡的鼻息之声。

我有个学生，大学时代住学校宿舍，每天晚上十点就寝。大家都清楚，这在当今的大学宿舍里，简直是匪夷所思。因此，我便问她，十点钟睡觉，难道不会被室友吵醒吗？她如此回答："会呀！吵醒了，再睡呀！"

除了作息，真要改变"暮气"的状态，头一桩大事，就是多和明朗有朝气的人来往。孔子说："友直，友谅，友多闻。"如果把"友谅"改成"友亮"，这种明亮的朋友，其实对改变"暮气"很有帮助。

谢　翔：年轻人的朝气，大部分来自未成熟的混沌与不知，故容易兴味盎然。而成年人往往觉得"我都知道了"，如此一来，即便自觉到自身的暮气，也很难有足够的能力翻转。而知识分子的困境则是，越理性越无奈，越思考越无力。像唐诺说的："如此的透明性等于提前为哈姆雷特的年轻生命带来终点，意义和价值在宿命性的乏味空虚中彻底瓦解。因此，哈姆雷特能做的就是'想'，一种极度发展到已是病态的思索不休，诉诸本能的行动早被取消，而仰赖意义的行动又提前被戳穿。"您怎么看这样的困境？

薛仁明：确实如此。我之所以对当代某些知识分子，尤其对学院中整天进行分析思辨的学术工作者多有批评，是因为他们的生命状态不太健康。他们受西方抽象思考的影响过深，读书越多，思索越深，就越容易掉进你所说的这种困境。

反过来说，两相对照，或许就可以让我们明白：中国的学问，为什么都是体证之学？为什么不强调"客观"的抽象思辨？中国的文章为何总是处处结论，甚至像《论语》、禅宗语录那样直指核心？

中国人不太说"思考"，说的是"领会"。"领会"是得先有实际的生命经验，再去领受、再去体会，体会一个比你更高、更丰厚的生命。禅宗说"一日有一日的领会，十年有十年的风光"。有此领会，有此风光，人当然有朝气，怎么可能暮气沉沉呢？又譬如说，孔子从他十五志于学，三十而立，最后讲到七十从心所欲，不逾矩。我们听完这话，要不悠然神往，要不反身自照，为何？不就因为里头有着生命境界，可让我们琢磨玩味，让我们很自然地回头看看自己的生命状态，这就是领会。

中国传统诗歌强调言有尽而意无穷，其实，文章也是，都讲究意有未尽，总要留点余地给读者。好的古书读了这种内蕴深厚的文章，心中会先存个欢喜，然后又若有似无地常挂心头，随着自身生命经验的日益展开，有　天，就会忽地亲切明白起来。

谢　翔："思考"与"领会"相比，一方面有其局限性，另一方面，仿佛它又因道路畅通无阻而跑得太快太远，于是"意义和价值在宿命性的乏味空虚中彻底瓦解"，"而仰赖意义的行动又提前被戳穿"。我自己这几年也是在面对这样的困境，最大的体会就是"无从检讨起"。是不是"思考"本身，就有其宿命性的消极结果？

薛仁明：孔子曾说："吾尝终日不食，终夜不寝，以思。"这有点像你说的"道路畅通无阻而跑得太快太远"。但是，孔子接着又怎么说?"无益，不如学也"，还是要回到具体真实的世界，也就是我常说的近前之事。然后一件件来体验，一桩桩去领会。有些问题不是"反省"，也不是"检讨"就能解决的，还是得把眼前的惯性打破，转个弯，做个具体的事儿，干个真实的活儿，慢慢地，你生命就有另一番风景了。

法隆寺的黄土墙

怀　仁：我做梦也没想到，日本于我的初印象，会是如此震撼，甚至有时竟感到难以呼吸。这个近在咫尺又非常遥远的国度；这个似乎熟悉又根本不被了解的国度，初次相遇，竟引发了我的无限乡愁。大概，这种感情，只有中国人才能体会。无论古都小镇，还是山寺平畴；无论揖礼叩首，抑或跪坐相向，皆古风犹存。山川屋宇与人情风物中，似乎还散发着思念故国的气息。

　　"礼失求诸野"，此话听了无数回，原来都只是过耳无痕。当你真正面对日本时，目之所至、身之所受，常常让人恍惚——一个在中国出生、长大的孩子，大概从来没有预料到，先人的生活与神韵，还能存在于当今世界的某个地方，并且触手可及。

薛仁明：生命之事，最关键最要紧的，其实就是亲炙一个个真实的典型。对中国文化有情感的人，但凡去了日本，尤其京都、奈良，心中的撞击之所以如此强烈，就是直接见到了真实的典型。有些大陆朋友，见了台湾的某些人情风物也不免感慨，因为台湾多少还能见得到一些典型。

　　很多事情，与其喋喋不休地争论，其实都不如去亲炙；真正亲炙了，就什么都明白了。甚至读书不多之人，也可以目击而道存。所谓读万卷书不如行万里路，指的就是这样的亲炙。

先人的生活与神韵，依然触手可及。

其实大陆还是存有不少这样的典型，只不过散落四处，且又隐而未显罢了！如果没有恰当的机缘，确实不那么容易见到。不像到了日本京都，处处显而易见，不管是人、是事、是物，一下子就唤醒了我们关于文明的记忆，更勾起了许多人的文化乡愁。

谈谈"零体罚"

张　岩（曾任教师）：台湾教育界常常有一种说法："因为不打不骂，孩子会有如'排毒'般将'真实'情性展现出来；而这只是阶段性的，等毒陆续排出后，慢慢就好了。若是打骂，反而会压抑了孩子'排毒'该有的过程。"这说法听来似乎有理。

薛仁明：这种"排毒"的说法，结果只会越排越毒。

小孩也好，大人也罢，只要不是一个究竟的悟者，当然都会存在着一些无明；你若要说那是"毒"，其实也行。但在课堂上，小孩这些无明的迸发，却不能等同于"排毒"。

所谓"排毒"，必然是借着"排"的过程，使身体重新获得平衡，或者毒素因而减少，甚至消失。譬如感冒，不管是喝姜汤，还是泡热水澡，总之，闷出了一身大汗，借着汗水，排出了不少病毒，身体就清爽了，这就是排毒。然而，课堂上因老师不打不骂，在一个近乎放纵的氛围下，小孩恣意胡闹，只能说是在受暗示之下发了毒，是病毒受了诱发，然后发作；但发作后，毒却未必排得出。又譬如发高烧和剧烈咳嗽，这大概是病毒发作；这样的发作，固然可能慢慢自我缓解，但也可能愈演愈烈，引发肺炎，甚至夺走生命。这时，就不能说是"排毒"。

"发毒"和"排毒"是两码事，孩子在教室撒野，那是"发毒"，而非"排毒"。小孩的"发毒"，就像成人情绪失控时，借着酗酒、狂欢，甚至是吸毒，固可发泄于一时，但发泄过后，情绪当然不能因而获得真正的平衡。可能是无力与空虚，不会心平气和，更不会了了分明、神清气爽。

再说，小孩其实没那么多所谓的"毒"。某些时候，在一个放纵的氛围下迸发出来的那些"毒"，固然可能本来俱有，但更可能是被诱导、被催化出来的。这些"毒"状，与他的生命根柢，其实有着一段相当可观的距离。

小孩的潜力大，善恶的可能性都有，关键就在于你要诱发什么，如何诱发。小孩的小奸小恶，其实颇多，有时不将它当回事，果真就没事了；越要当成事，就难免要应验成真。这种"将出未出，若有似无"，若说硬要说成孩子与生俱来的"毒"，反而会助长为恶。

这很像现代文艺。现代文艺常以"逼视"人性幽暗为职志，结果，还没认真"逼视"前，人尚可勉勉强强过得不错；但越是自以为诚实，越全心全意卯起来"逼视"，在相互催化又相互催眠的过程中，这些幽暗遂不断扩大，也不断"弄假成真"。结果，越"逼视"，越惶惶不可终日；而越惶恐，便又更加深信那幽暗。这样的恶性循环，即使不说是自掘坟墓，至少也是一种精神自虐。

"人本"这种"排毒"论，后头多少有着西方原罪观的影响。原罪这种想法，不管对错，至少是与我们这个民族、与我们的文化基因难以相契的。中国人不会没事情整天故作严肃地思索、不会整天盯着那些"毒"看；大家面对这桩事，其实是马马虎虎，也是若有似无的。如果真要认真说，大家相信的是"性善"，在意的是生命的光明与喜气。

张　岩：**有教育理论说，孩子对师长不敬，只是展现了他们内心被压抑的"真实"而已，所以老师不该一味地责备孩子。**

薛仁明：老实说，教育不难，是大家把它弄得既复杂又艰难的。大家不妨看看我们的父母，他们既不谈教育理念，也没费太多力气，教出来的孩子，虽说未必多好，但一点也不比现在的孩子差。现在很多人谈教育，尤其所谓的教育专家，常常把问题过度复杂化，又衍生出过多不必要的理论。结果，大家因迷失于种种"动人"的理论，遂将自己和小孩"逼"到进退维谷的境地。最后，明明狼狈不堪了，还不忘记再用一套理论来自圆其说。

现在台湾教育的情形是，学生张狂乖戾，老师伤痕累累。到头来，双方都是受害者。

老实说，学生固然不喜欢高压管理，但是，他们却真心期盼有种秩序的安稳感。小孩若能先被合度地约束，再受引导，如此循序渐进，其实他们都能接受，对他们也最为有益。

如果一开始就把这种合理的约束污名化，硬要说成"压抑、不真实"，在理念上一直纠结不清，那么，接下来的恶性循环、治丝益棼，恕我直言，都只是咎由自取，怨不得人。最后的结果，也只能是两败俱伤，任何人都是受害者。